マーケティングとは「組織革命」である。

森岡 毅
株式会社 刀 代表取締役CEO

日経BP社

はじめに

一人でも会社に変化は起こせる！

最強の経営資源は何か？　それは「ヒト」です。

カネでも、モノでも、情報でも、時間でも、知財でもなく、ヒトだけがその他の全ての経営資源を使いこなすことができるからです。そもそも企業とは「ヒト」の集合体であり、「ヒト」の力をどう引き出して「ヒト」をどう成長させるかに、企業の命運が懸かっているのです。その貴重な「ヒト」の繋がりを「組織」と我々は呼んでいます。

本書は、これまで私が培ってきた、**「ヒト」の力を活かす「組織」をつくるための本質と、一人のサラリーマンでも「組織」を動かす起点になるための秘訣**の2つをお伝えすることが目的です。2年前に執筆した『USJを劇的に変えた、たった1つの考え方』は、マーケティングの本質を世界で一番わかりやすく理解できる入門書として執筆し、大好評をいただいております。本書も、ビジネスで最重要な「ヒトと組織」の本質を理解できるものとして世界で一番わかりやすい本になることを目指します。

私は、ユニバーサル・スタジオ・ジャパン（USJ）再建の使命を果たし、2017年にマーケティング精鋭集団「株式会社 刀（かたな）」を立ち上げ、日本をマーケティングの力で活性化する挑戦に踏み出しました。V字回復したUSJでの経験を振り返ると、真っ先に頭をよぎるのは「ヒト」と「組織」がめちゃくちゃ大事だと言うことです。マーケティングのノウハウは重要ですが、そのノウハウを〝実行できる組織〟を同時に構築できなければ、業績を継続的に向上させることはできません。

マーケティングに限ったことではないですが、策を立てるよりも実行する方が100倍は難しい…。逆に〝実行できる組織〟を構築できたのであれば、少数の個人技に依存しすぎることなく、その組織は継続的にある程度の結果を出し続けることができます。私が去った後もUSJがまだ好調を維持しているのは、ノウハウを導入しただけでなく、そのための「組織」までしっかりとつくったからです。

「集団知は個人知に勝る」という考えを私は信じています。どんな人間にも盲点があり、発想の起点を増やして意志決定の死角を減らす、集団での知恵を引き出せる組織が中長期では必ず強いのです。一人の天才的経営者でも活躍できるのはせいぜい30年、企業の平均寿命もだいたい30年です。一人一人の情報や発想を活かせなければ、企業は変わり続ける市場に対応できず、いずれ淘汰されます。

しかしながら、そういうことはわかっているのに、実際の多くの会社が集団知を活かすための組織構造になっていないのはなぜでしょうか？　本当のことが言えない、ちゃんと議論すらできない、そんな会社が山ほどあるのはなぜでしょうか？　消費者や顧客のことを考える時間はごく僅かで、上司や同僚を忖度している時間ばかりが異様に長い毎日を過ごしているのはなぜでしょうか？　業績がジリジリと悪化しているのに、皆が言われたことをやる作業ばかりに終始して、毎年同じようなことを繰り返して一向に新しいやり方が芽生えないのはなぜでしょうか？

「組織」は「一人」の力を発揮させるためにどのような仕組みを備えるべきか？　その秘訣は「人間の本質」を理解し、精神論ではないシステマティックな仕組みを構築することです。一人一人が組織のために正しい行動を取る〝確率〟を高めることなのです。本書ではその核心となる本質的な考え方をわかりやすく解説します。問題意識のある経営者や経営幹部や人事関係の皆様に読んでいただきたいのはもちろんですが、むしろそういう立場にないビジネスパーソンの皆様にこそ広く読んでいただきたいと切に願っています。組織についての理解や知識は上層の人達だけに必要なのではありません！　上層の皆様は今の体制の既得権者です。変革の未来はむしろ次世代の気付きとその情熱に懸かっています！　私はその将来を見越して、考え方の種をできるだけ広く撒きたいと思うのです。

では逆に、「一人」はどのような方法で「組織」をより良く変えていくことができるのか？　組織を変える個人技とは、端的に言えば「提案を通すスキル」です。もちろん組織によって提案の通しやすさには差がありますし、同じ組織でも勝てたり負けたり色々あります。しかし、このスキルの核心は実は会社を選ばず、このスキルが強い人ほど変化の起点になれる確率が高いのです。たった一人のサラリーマンでも、下からでも、会社を動かすことは可能です。正確に言えば、たった一人で全て実現できることは僅かしかないけれども、たった一人でも〝変化の起点〟になることはできます。

私自身がやってきたことも、それが可能であることを示しています。今までの私は、常に下の立場で上を変えてきました。私は、大きな組織の創業者だったわけでも、その御曹司でも、株主でもなく、雇われ社長ですらありませんでした。ＵＳＪのＣＭＯ（チーフ・マーケティング・オフィサー）だった頃も絶対権力などには程遠く、上には怖い社長や泣く子も黙るファンドの株主、横には人生の大先輩の役員諸兄、下にも年長者の方が多いような状態。

そんな中でも、マーケティングの枠をも超えてあらゆる提案を通しまくって、会社組織まで大改革したのです。

社内で自分の提案を売っていく技術は、いわば「社内マーケティング」です。組織の中で、周囲を勝てる場所へ連れていくためにも、自分自身がやりたいことを実現してキャリアを切り拓くためにも欠かせません。また、自分の部下や同僚が素晴らしいアイデアを持っている時に、その力があればあなたは「人を活かす」という最高の働きができる。このスキルに長けることで多くの人の力を束ねて、一人や小さな集団では達成できない大仕事が実現できるでしょう。本書では、私自身の当事者経験に根差して、提案を通すのが上手い人に共通に見られる「Target Analysis（ターゲット・アナリシス）」のスキルを中心に秘訣をお伝えしようと思います。

私は本書を、実務者である私が書くことによって「組織の本質」がわかる本にしたいのです。アカデミックな組織関係の本は山ほど存在しています。しかしながら、実務者が実戦経験で培った組織の本質をシンプルに解き明かした本は少ないと感じています。当然と言えば当然ですが、教養として知識の枝葉を茂らせる目的ならばともかく、〝本質〟は実際に組織づくりで悪戦苦闘した経験のある人にしかわからないのです。自分が、組織を動かしたり、大きな組織改革をやったり、理論と実際を行き来した経験がなければ、山ほどあふれている情報や現象の奥底にある〝本質〟を洞察することはできない。組織論に限らず、実務に役立つのはシンプルな本質の理解です。

私はずっと実務家として、当事者としての一人称で組織と向き合ってきました。また、当事者として奮闘しておられる多くの経営者の皆様のご相談も受けております。つくづく、実戦で役立った組織の本質は一貫していると感じますし、実戦で役に立つ〝道具〟もシンプルなものに限られます。それはシンプルでないと実戦では扱えないからです。というわけで、本書は、よくある組織論の本のように、組織図やその理論をどっさり覚えるような〝フォーマット暗記型〟ではありません。本書は実務家として役立つ本質を腹落ちしていただくことに焦点を当てたいと思います。私の〝実戦フィルター〟を通して遠慮なく書かせていただきます。

本書は大きく言うと、以下のような3部構成になっています。最初にビジネスパーソンであれば誰しもがしっかりと認識しておくべき、組織を活性化させる方法について述べます。組織全体をどう編成し運用するかという会社規模の大きな視点に留まらず、人間の本質を理解することで自分の小さなチーム内の生産性を高めるのにも役立つはずです。次に一人の人間が下からの立場で会社を動かすことに成功する確率を上げる方法についてお伝えします。このおかげで私は新エリア、「ウィザーディング・ワールド・オブ・ハリー・ポッター」に

450億円も費やす無謀な冒険にＵＳＪを引きずり込んで大成功させることができました。

そして最後に、起点となって世の中を実際に変えた方々と私のインタビュー記事を掲載します。2017年度に日経トレンディで連載した「森岡毅のビジネスに役立つマーケティング対談」からのピックアップです。

Ⅰ　組織に熱を込めろ！　〜「ヒト」の力を活かす組織づくりの本質〜

Ⅱ　社内マーケティングのススメ　〜「下」から提案を通す魔法のスキル〜

Ⅲ　成功者の発想に学べ！　〜起点となって世の中を変えた先駆者たち〜

少し飛躍してしまいますが、日本社会をより良くしていくことにも、実は一人一人の国民が「変化の起点になる」ことが求められているのではないでしょうか。会社において社長ができることが限られている以上に、政府や総理大臣ができることは本当にビックリするほど限られているのです。国は本来、国防と外交と防犯など政府にしかできないことをやるのが使命で、経済発展は民間こそが主体のはず。

日本経済がこの20年以上も停滞したのは、我々一人一人が日本の経済をより良くする行動を十分にやってこなかった積み重ねの結果ではないでしょうか？　今、数字の上では好景気がずいぶん長く続いているように見えますが、日本経済のファンダメンタルがその数字ほど強いと信じられない人は多いでしょうし、何よりも国際社会で日本経済の立ち位置が相対的にどんどん下がってきている。今こそ、我々一人一人が各自の持ち場で〝2歩だけ〟前に出る時ではないでしょうか？　政府はそもそも何もしてくれないし、政府に何かしてもらうことを期待してはいけない。素晴らしい「お上」が登場するまで何もできない水戸黄門ドラマのような日本人では困ります。

正直なところ、ちょっと精神論に近いのですが、私はデフォルトとしてもっと一人の可能性を信じることにしています。我々一人一人が、自分の属する社会をより良く変える力を持っているはずだと。なぜならば、社会は確かに我々一人一人の集合体だからです。その時代を生きる一人が、何かの起点になって社会を大きく発展させることは幾度となく歴史上に確認されていますし、そんなスーパーマンの話でなくても、自分の目が届いている周囲をより良く変えることは誰もがやろうと思えばできる。実際に多くの人が自分のことだけ考える範疇を超えてやっています。一人だけで全てを変えられることはほとんどないでしょうが、一人だけでも変化の起点になることはできます。

自分の目に見える範囲で良い、誰でも自分の景色をより良く変えることができる。そう考える方が、意識がより前向きになって「得」です。そう考えないと得るものがないのです。

だって、そう思わなければ、自分の存在や人生にワクワクしなくなるじゃないですか。自分の人生を面白くするのは自分しかいませんので、私はそう信じることにしているのです。日本や世界はともかく、もっと小さな単位である会社、しかも人の顔と名前が一致する自分が所属する部署くらい、自ら起点になってより良くできないわけがない。目的の正しさとやり方によっては可能なはずだと、まずはそう信じることです。

そして日々の仕事の中でそれに実際に挑戦する！　自分の取れるリスクの範囲で構わないので、今までの枠を〝2歩だけ〟踏み出してみるのです。一度しかない人生の中の最も充実した何十年もの時間を費やす仕事…。自分が起点になって自分の周りを変える力は、一度しかない人生をよりエキサイティングに変えていくでしょう。

本書がそのための一助になることを願っています。

2018年春

株式会社刀　代表取締役CEO　森岡　毅

Contents

第一部

組織に熱を込めろ！

「ヒト」の力を活かす組織づくりの本質

第1章

USJ（ユニバーサル・スタジオ・ジャパン）を劇的成長に導いた森岡メソッド

1.「持続可能なマーケティング力」を目指して

旅立つことは正しい。頭では、わかっていました。

しかしその日、私はあふれ出る涙を止めることができませんでした。

2016年も終わりに近づいた某日、私はフロアに集まった仲間達に、自分の決意を伝えました。USJを離れる時が来たことを、正式に表明したのです。組織の動揺を抑えるために、最後まで冷静に話す覚悟でした。

話に耳を傾けるのは、私がUSJで働いた6年半、一緒に戦ってきた仲間達です。部下や同僚ではありますが、一人一人が戦友です。初めのうち私の話を静かに聞いていた彼らの目に、いつしか涙が浮かんでいました。

それを見た瞬間、私の言葉は声にならなくなりました。激流のようだった6年半の思い出が、尽きることなく噴き出してきたのです。気が付けば、目の前の仲間達の顔が、涙で見えなくなっていました。動揺したのは、私の方でした。

ただし、戦友に別れを告げた日も、そして今も、私には揺らぐことなく抱いている確信があります。

それは、**マーケティングには消費者の購買行動を決定的に変える力がある**、ということ。そして日本社会を劇的に活性化することができる。マーケティングという武器の威力は、USJが不死鳥のように蘇り、日本有数の経済発生装置としてV字回復した事実が能弁に示しています。

私は2010年に14年間在籍したP&Gを卒業し、同年6月にプロ・マーケターとしてUSJ（株式会社ユー・エス・ジェイ）に入りました。プロ・マーケターとは、会社に有期契約で雇われ、業績によって成功報酬をいただく「傭兵」のような存在です。ですから、USJを立て直した後、つまりそれほど遠くない未来に自らの意志で去るのは、USJに入社する時点から自分の中では決まっていたことです。プロ・マーケターは企業の「お医者さん」のような存在ですから、目の前の患者さんが元気になったら、別の困っている患者さんを助けに行くのは、昔も今も変わらない自覚です。

今やあの弱々しかったUSJは雄々しくV字回復し、1500万人に迫る年間集客数は世界4位（国内では東京ディズニーシーを上回る第2位）と、まさに世界屈指のテーマパークになることができました。それを見届けて、プロ・マーケターとして6年半に及んだUSJ再建のミッションを2017年頭で完了し、私も新しい挑戦へと旅立つことができたのです。

早いもので、2018年1月現在、私がUSJのCMO職を卒業してから1年が経ちました。自分のやった仕事やスキルの〝棚卸し〟をしてみるのに、ちょうど良い頃合いです。

USJで私が追いかけていたのは、〝私のマーケティングを成功させる〟という小さな目標ではありません。私が挑戦していたのは、日本のために大切だと信じる〝ある実験〟を成功させることでした。

それは「極めて日本的で、第三セクターから始まった〝お役所的〟な風潮が随所に残っていて、技術志向も強く、マーケティングや消費者視点という概念からも縁遠い、そんなUSJでも、数年やそこらで〝持続可能なマーケティングができる組織〟に変革することができるのか!?」という挑戦だったのです。

日本は〝マーケティング発展途上国〟です。マーケティングには消費者の購買行動を決定的に変える力があるのに、多くの会社がその力を活かせていません。市場が右肩上がりで成長する過去においては、素晴らしい技術力や現場力で成功してきた多くの日本企業も、国内市場の縮小や世界市場でのシェアの削り合いを勝ち抜くためにはマーケティング力の強化が必須です。逆に言えば、マーケティングができる組織になることで、多くの企業がまだまだ成長できます。私は、マーケティングが日本を変えると信じているのです。

P&Gという外資系企業で育った私は、日本のみならず、アジアのビジネスや、世界本社（米国シンシナティー）でも働きながら、外から日本を見て考える機会を多く持つことができきました。その結果、ますます日本の持つ素晴らしい特徴が大好きになりました。高い道徳心によって構築された高信頼社会、勤勉で誠実なマジョリティー、団結する現場が生み出す圧倒的な戦術的強み…。我々日本人はそれらを水や空気のように思ってビジネスをしていますが、そこまで洗練されたレベルの国を私は日本しか知りません。この日本は「人を思いやること」がデフォルトになっている素晴らしい国です。

しかしながら、その特徴と背中合わせに、戦略思考の弱さや、マーケティングへの取り組みの遅れなど、ビジネスで勝ち残っていくために必要な「合理性」が、日本の多くの文脈で欠けていることを非常に悔しく感じてきました。腕も確かで誠実なのに、商売の要領が悪い。もう少し合理的に準備してから情緒的に戦うことはできないものだろうか？ 繋がった世界で戦う日本企業の多くに「合理性」としてのマーケティングを普及させればどれほど伸びるだろうか。そう強く感じていたのです。

したがって、私にとってUSJ再建は「情緒的な日本文化の一企業にマーケティングという合理性を移植することができるか？」という大いなる実験でした。USJでの私の仕事の真価は、私が去った後にUSJの業績で示されるでしょう。私がいなくなってすぐに業績がガタ落ちになるようでは、マーケターとしては合格でも、リーダーとしてはUSJをマーケティングができる会社に変えたとは言えません。

幸い、私が去って1年ほど経ちましたが、今のところＵＳＪは絶好調を維持できているようです。もはや外部なので手計算ですが、２０１７年度も前年度を若干だけ上回り過去最高を更新したのではないかと私はみています。今後も、新経営陣が組織を壊してしまえば話は別ですが、２０２０年の東京五輪前のオープンを目指す「SUPER NINTENDO WORLD」の計画もあることですし、しばらくは関西で唯一無二の経済発生装置として輝き続けるでしょう。

おかげさまで、実験は大成功しました。**ＵＳＪがＶ字回復した大成功のエッセンス、それは「持続可能なマーケティング力の構築」**です。

そして私は、ＵＳＪのようにマーケティングができるようになる会社を一つでも増やすために刀を設立しました。「刀」は、通常のコンサルティング・サービスとは違います。クライアント企業が抱える課題に対して解決策という「魚」だけではなく、「釣り竿」と「釣り方」という〝ノウハウ〟を移植することで、クライアント企業が持続可能なマーケティング力を体得することを目指します。

「刀」には、多くの企業様から切実なご相談が寄せられています。その中で見えてきた、企業様にマーケティング力を構築する際に最大の課題は何か？　マーケティングにまつわる個々人の力量不足でしょうか？　会社の中に蓄えられたデータや分析システムや経験の欠如でしょうか？　実は最大のチャレンジはそのどちらでもありません。最重要課題は、組織改革です。

マーケティングは、マーケティングのノウハウだけでは機能しません。専門性に優れたマーケター個人を雇えば、あるいは強いマーケティング部さえあれば、マーケティングができるようになると多くの人は考えています。しかし現実はそうではないのです。その原因は、組織の構造や意思疎通回路が、マーケティングを機能させるようにできていないことです。

この原則を理解した上で、各企業の置かれた市場構造や諸事情、そして何よりも経営者のビジョン、それらを咀嚼して、最適な組織を設計し、既存ビジネスへの実害を最小化しながらあるべき姿へ組織構造を改革するには、高度な「戦略人事」のノウハウが必要になります。我々「刀」は、マーケティングのノウハウだけでなく、その戦略人事のノウハウも兼ね備えるところに特徴があります。ＵＳＪがあれほどの短期間で大変貌したのは、私がその両方のノウハウをセットで持ち込んだからです。

ＵＳＪが変わったことで、エンターテイメント業界そのものが活性化したり、マーケティングに興味を持つ人や会社が増えたりしたように、一つの企業が社会を変える大きな起点になることができます。もし複数企業に同時にマーケティングを移植できれば、日本社会を活性化する起点をもっと多く創り出せる！　そういう志で、私は刀を立ち上げました。

2.「60点を90点にする組織」とは何か？

そもそも組織をつくるメリットとは何でしょう？　私が組織を重視している理由をできるだけ簡単にお話ししておきます。組織をつくる本当の理由は、人数によるマンパワーを増やすことではないのです。もちろん一人でやるよりも100人でやった方ができることは増えるでしょう。しかし、その〝量〟のメリットは副次的なものであって、本質的ではないと私は感じています。

私にとって組織とは「一人一人の能力を引き上げる装置」です。ある人が、一人でいる時よりも遥かに大きな力を発揮する。それが強い組織で、それこそが組織をつくる意義だと、今まで痛感してきました。

しかし読者の中には、組織にいると力が引き出されるどころか、個人として削られるように感じる人も多いと思います。窮屈な組織で一人一人の能力を引き上げるなんて、そんなことは実際に起こるのか？と疑問に思う人は少なくないでしょう。しかし、それはちゃんとした組織をつくれば本当に起こります。

理論的にもシンプルな理由があります。組織では人の強みを組み合わせることができるからです。誰もが強みと弱みを持っています。組織に属さず一人で何かを為すということは、自分の強みも弱みも全て含めて一人で戦うということ。成功するために必要な一連の能力には苦手なことも含まれます。しかし組織がなければ、どれだけ苦手でも自分で全てやらなければなりません。その時、その苦手領域がボトルネックになり、最終的な成果は制限されることになります。

例えてみれば、数学だけしか能が無い私がセンター試験を受けるようなものです。国語や他の科目に絶望的な弱点を抱えながら、センター試験では冷酷に総合点を問われます。数学は満点を取ったとしても、私の文系能力のポンコツさがボトルネックとなって総合点は非常に厳しいものになります。

対して組織をつくるとはどういうことか？　それは、私は数学のみを担当し、国語は文系天才の佐藤さん、地理は地図オタクの鈴木さんと、それぞれの得意分野を組み合わせて総合点を稼ぐということです。自分の弱点がボトルネックになって、全体の生産性を著しく落とすことを回避できる。それどころか、各々の突出した強みを組み合わせて圧倒的な結果を出すことができる。これが組織をつくるメリットです。

強い組織は、人の強みを引き出し、人の強みを組み合わせてボトルネックを消します。そのような組織に身を置いた時、人は自分自身でも驚くような能力を発揮できることを実感します。とにかく大きな成果を出せます。一人では決して辿り着けなかった景色を見ることになるでしょう。そして仲間達と苦楽を共にし、戦場を走り抜けた先にある達成感は、何物にも代えられない価値を持ちます。そのように個々は、組織によって活かされて、それぞれの可能性すらも切り拓く。組織とは本来はそのための存在です。

本当に強い組織とは、例えば60点の人に90点を取らせることができます。私は**組織力とは、個人技とシステム（仕組み）の掛け算**だと考えています。個人技とは文字通り、個々人が持つ能力です。システムとは、個人の力を機能させる〝組織のさまざまな仕組み〟のことです。「組織力＝個人技×システム」なので、どちらかがゼロであれば組織力はゼロになってしまいます。この90点の例の場合は、個人技の60点を、1.5倍に増幅する組織システムの力があるということ。私はそのような組織をつくることを目指してきました。

60点の人間に90点を取らせる組織…。それは多くの人生を豊かにします。

育成制度が整っていない会社にも、一定の割合でずば抜けて優秀な「S級」の人材はいるものです。そのようなS級人材は、実はどこの会社に行ってもたいていは成功していたと考えられます。もともとS級の生まれつきの人であることが多いのです。組織力の真価とは、もともとはD級の素質の人材をB級のパフォーマーへ、C級の人材をA級のパフォーマーへ押し上げる力です。本当に中長期で強いのはそれができる会社です。人の力を引き出す組織力を持っているのです。

市場競争は〝組織〟対〝組織〟の戦いです。個の力で優れた組織が勝つのではありません。どれだけ優秀な個人やノウハウを持とうとも、組織の仕組みが個の力を増幅するようにできていなければ勝つことはできません。中長期においては、もっと純粋な〝確率〟の勝負です。優れた個の能力を殺してしまう組織よりも、人の強みを引き出して、組み合わせて、消費者のために発揮させる「60点を90点にできる組織」が必ず勝ちます。

中にいる一人一人の力をどうやって引き出して増幅するか、ボトルネックを作らないように強みをどう組み合わせるのか、変わり続ける市場に適応すべくどう変革を為していくのか…。その思考の深淵は計り知れず、非常に奥深いです。

3. 会社を支えるのは、たった4つの機能

組織とは何か？　私は組織を〝機能の鎖〟として捉えています。ある目的を達成するため

◉消費者視点で機能設計された全社システム

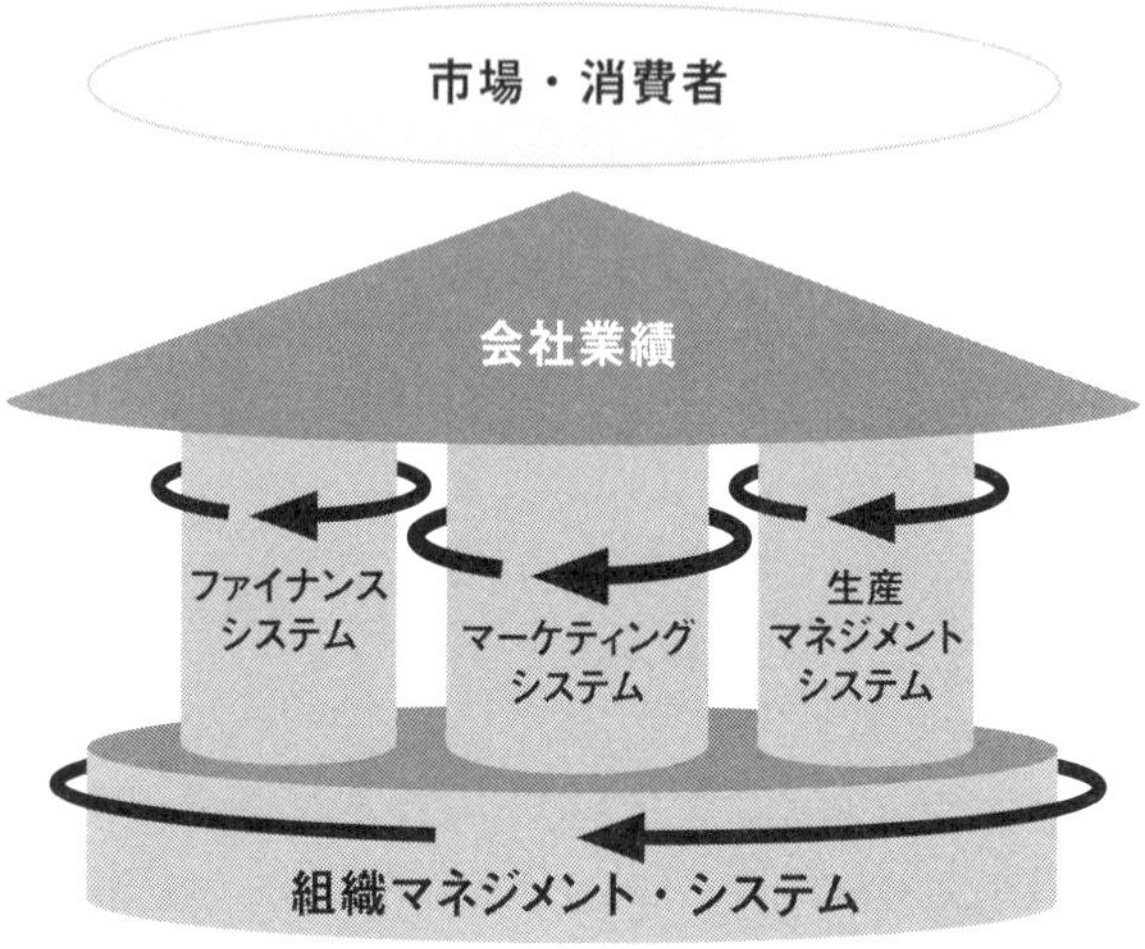

に集められた一連の「機能の繋がり」のことです。人と人、部門と部門、それらが動くためのさまざまな仕組み、それらが一連の鎖のように繋がって、さまざまな機能を発揮します。AI（人工知能）などが人間を代行する領域が広がる未来はわかりませんが、現代の組織において機能を執行する単位は主に「人間」ですから、組織とは一連の人間の繋がりとも言えるでしょう。

そして、ビジネスを行う目的で編成される**組織においては、主な機能はたった〝4つ〟しかない**と私は考えています。

企業組織の持つ主な機能が実は「4つだけ」という考え方は、私が学んだ先人のさまざまな知見、自分自身の実戦の記憶、そして私が診させていただいたそれなりの数の実例に基づいたものです。異論もあるでしょうが、実務者として結果を出すにあたり、私自身が今現在最も腹落ちしている考え方です。

その4つとは、マーケティング機能、ファイナンス機能、生産マネジメント機能、組織マネジメント機能です。

私の中では、会社業績という家の屋根を、後述の3つのシステム（「マーケティング・システム」「ファイナンス・システム」「生産マネジメント・システム」）が3本の大きな柱となって持ち上げて、最後の「組織マネジメント・システム」がそれら3本を土台として支えている。そのような構図になっています。

組織における主な機能は、この4つしかありません。今から会社を起業しようとしている人も、今ある会社の組織を改革している人も、目的に合わせてその4つの機能をどう編成するかということを考えれば良いのです。それぞれの機能をできるだけ簡潔に説明します。

1 マーケティング・システム

〝マーケティング機能〟とは何か？　これは企業存続に欠かせない「売上を獲得する能力」です。

会社におけるこの一連のマーケティング機能の繋がりのことを、本書では「マーケティング・システム」と呼称します。マーケティング部はそのほんの一部分にすぎず、市場調査部や営業部はもちろん、売上獲得に関わる全ての重要機能がマーケティング・システムとして統合的に運用されなければなりません。

ちなみに多くの企業が誤解していますが、**商品開発（基礎研究を除くR&D機能）もマーケティング・システムに含まれるべき重要機能**です。なぜ商品開発はマーケティング・システムに属するべきなのか？〝釣り人〟に例えて理解してみましょう。マーケティング・システムとは売上獲得能力、この場合は魚を獲得するために重要な機能一式のことを指します。どうやれば釣れるかを考えている中枢神経の働き（マーケティング部）、魚信を感知する目や皮膚などの感覚器の働き（市場調査部）、手足を動かして魚を確保する筋力の働き（営業部）、これらは全て魚を獲得するための欠かせないマーケティング・システムに含まれる重要機能です。

では商品開発は何を行っているのか？　彼らは魚（消費者）を食い付かせるための〝エサ（商品）〟を開発しています。「魅力的なエサ」は魚を釣るために最重要ですから、商品開発はマーケティング・システムにとって最重要機能だとご理解いただけると思います。商品開発がマーケティング・システムに組み込まれていないということは、魚や状況に合わせることが重要なエサを、釣果に責任を負っている自分ではない別の人が決めるということです。それでは釣りになりません。

しかしながら、実際に多くの企業において、商品開発はマーケティング・システムに組み込まれず、並列されていることが多く、**会社としてマーケティング戦略の下で商品開発が機能しにくい構造**を持っています。冷静に考えれば、プロダクトはマーケティングの4P（製品：Product、価格：Price、流通：Place、プロモーション：Promotion）の筆頭に挙げられながら、なぜ多くの企業でマーケティング・システムとして商品開発をコントロールしにくい状態を放置しているのか？　この点は第2章で詳しく述べますが、マーケティングが機能しない会社が解決すべき構造的な問題の一つです。

2 ファイナンス・システム

〝ファイナンス機能〟とは何か？　これは組織を動かすための血液とも言うべき、〝お金〟を管理するための一切の働きのことです。お金が枯渇すると、企業は活動を停止し、倒産します。「マーケティング・システム」によって獲得された売上から、組織を機能させるためのさまざまな経費を管理し、財務状況を改善する施策や企業のさらなる成長に繋げる方策を考えています。企画ファイナンス部門や財務経理部門などが担っている働きです。本書では、この企業のお金を管理する一連の機能のことを「ファイナンス・システム」と呼称します。

3 生産マネジメント・システム

〝生産マネジメント機能〟とは何か？　これは組織が売上を獲得するために売っている〝商品（財やサービス）〟を継続的に生み出し続ける一連の機能です。本書では、企業の商品を生産することに関わる一切の機能の繋がりを「生産マネジメント・システム」と呼称します。

原材料の調達、工場での生産、在庫管理、物流管理などの一連のロジスティックスがこの機能に当たります。購買部、生産統括部など、多くの部門がこの生産機能を支えています。競合に比して相対的に高品質・低コストな生産マネジメント・システムは強力な武器です。トヨタ自動車に代表される多くの日本の製造業が競争力を持つ領域です。また、ＵＳＪのような感動を売る商売では、売っているのはモノではありませんから、商品であるサービスを生み出している現場従業員を採用・育成・管理している運営部などが生産マネジメント機能を担っているのです。

注意していただきたいのは、私の考えでは、商品開発は生産マネジメント・システムには含まれません。先ほどの〝釣り人〟の例で言えば、商品開発はマーケティング・システムに属して魅力的なエサを考えてスペックを定めるのが仕事です。生産マネジメント・システムは、そうやってマーケティング・システムによって指定された〝売れる商品〟を、継続的に供給し続ける最適な方法を模索するのが使命です。

4 組織マネジメント・システム

〝組織マネジメント機能〟とは何か？ これは「人」と「人をより生産的に働かせるための仕組み」を常に最適化していく一連の機能です。本書では、この一切の機能の繋がりのことを「組織マネジメント・システム」と呼称します。具体的に関わっている部署は、人事部や総務部などがその代表です。また、先述の3つのシステムを連動させるための中枢機能（システム間や部門間、個人間の利害調整）もここに含まれますので、マネジメントを担うリーダーは漏れなくこの役割も背負っています。この「組織マネジメント・システム」は本書を通したメインテーマの一つですので、このくらいに留めて第5章で詳述します。

4.「ボトルネック」を解消する組織づくり

「部位」ではなく「繋がり」を診る

「部分最適を考える人ばかりで、全体最適を考えて働く人が誰もいない」

これは多くの企業組織にある大問題です。特に大きな企業では、ほとんどの会社がこの病に悩んでいるのではないでしょうか？　組織の分業化が進むと、それぞれの担当領域が小さくなり、全体としての〝機能の繋がり〟を診る大局観が失われていくのです。

例えば、ある会社のオペレーター研修のマニュアルを作る担当者は、詳しすぎて分厚くて使い物にならないものを作って終わっていました。それが実際の現場能力をどう伸ばしているのか、役立っているのか、全く考えないで仕事をしています。マニュアルを作る作業そのものが目的化してしまい、一連の機能の繋がりを意識できていないのです。

担当者は自分の担当領域のことしか考えない。部門も自部門の責任範囲のことしか考えない。自分の責任範囲での〝作業〟をやるだけで、その仕事が次の工程で実際にどのような効果を発揮しているか、全く考えていないのです。

私たちが病院で診てもらう時には、〝目〟がかすむようになった、〝右手親指の付け根〟が痛い、〝腰〟に痛みが出てきたと言うように、部位ごとの括りで症状を認識するのが習慣になっています。かかりつけの医療機関もその考え方の延長線上で、眼科（目にまつわる問題）、耳鼻科（耳と鼻にまつわる問題）、消化器科（胃や腸などの消化器官にまつわる問題）のように、部位ごとに専門性が括られています。我々は、自分の身体組織をそのように考えることに慣らされています。

しかしながら、ビジネス組織においては、部位ごとに問題を認識しようとしても、文字通り部分的に終わり、問題の本質を捉えることはできません。会社にとって必要な機能を発揮するために、一連の〝部位（＝部門）〟が鎖のように構成されています。鎖の一部分だけを診ても問題の本質はわかりません。しかし一連の機能の繋がりとして診れば、ある部分とある部分の相対的な生産性の比較が可能になり、目的に対して組織の生産性を低く制限してしまっている「ボトルネック」が見えてくるのです。

ある目的に対して、関連している〝一連の機能の鎖〟の文脈の中で部位を診るのです。例えば、自社のマーケティング能力が低いと感じた時、イケてない経営者は「マーケティング部の能力が低い」あるいは「マーケティング部長個人の能力が低い」などと一足飛びに考えてしまいます。しかしながら、それを「マーケティング・システムの問題」として認識できる経営者ならば、一連の機能の鎖の生産性における本当のボトルネックが何かを考えることができるのです。往々にして、そのボトルネックは意外なところにあるものです。

チームの生産性を劇的に上げる秘訣

「ボトルネックをつくらない」ということ、そして「ボトルネックは動く」ということ。この2つは組織の生産性を考える際に、常に頭の中に置いておくべき視点です。

「ボトルネックをつくらない」とは、一連の機能の鎖の中で、最終成果を限定しているボトルネックを発見して改善し、どの機能も足を引っ張らずに最終成果を最大に持っていくことです。裏返して言えば、〝機能の鎖〟を構成している全ての部署や個人が持てる力をフル稼働している状態をつくるということ。

目的が達成された時、**最高の結果を出すということは、誰かが余力を残していてはダメ**です。全員が持てる力を全て出し切って、〝空っぽ〟になっていなくてはなりません。現実には本当に全員に空っぽになってもらっては翌日からの業務が果たせませんが、理論的にはその状態にどうやって近づけるかというのが組織の生産性を高める概念です。

身近な例で考えてみましょう。あなたに新人と中堅とベテランの3人の部下がいたとします。チームリーダーとしてのあなたの仕事は、自分を含めた4人のチームの中で、いかにボトルネックをつくらないようにするかということ。チームとして果たすべき〝機能（＝使命）〟は何か？ それによって、チーム内の業務分担とそのフローを構築しないといけません。

練度が低い新人の役割がチームパフォーマンスのボトルネックにならないようにするには、新人の最大パフォーマンスを正しく想定し、その最大に合致する業務分担にする必要があります。その新人の最大、同様に中堅の最大、ベテランの最大、そしてあなたの最大、それらを考慮して業務を割り振って組み合わせる。業務負担は、能力の高い人間ほど極度に傾斜されて多くなりますが、全員が〝空っぽ〟になるためにはそれで正しいのです。

上司の主な仕事とは部下に良い仕事をさせることです。したがって、リーダーが注力すべきは、想定している最大パフォーマンスを全員にきっちり出させることです。そのために例えば新人が失敗してチームの業務フローが停止するような事態を避けるべく、あなたやベテランが新人をしっかりと把握してサポートすることが基本想定となります。

ちなみに、よくありがちなのですが、新人をボトルネックにしないために、チームの生産性に関係ないどうでもよい業務しかやらせないのでは本末転倒です。チームの生産性を最大化するためには、新人であろうが猫であろうが、戦力として最大能力に応じてその力を〝空っぽ〟にするのがリーダーとしての役割。必ず、その新人の最大に合致する意味のある役割を充ててください。

新人は仕事を知りませんし、失敗するものですから、戦力にカウントしないことは最も安易です。しかしそれではいつまでも新人は戦力になりません。早期投資で早く育成することが、長い目で見ると最も効率が良い。新人の失敗や滞りがチーム全体のボトルネックにならないように、仕事のやり方をしっかり教えることで能力の天井を上げていくのです。

「ボトルネックは動く」というのは、1つのボトルネックを解決した瞬間にボトルネックは移動してしまう真理を言います。新人がボトルネックである時代は長くは続きません。仕事を覚えてきて能力が高まり、この新人の担当領域が行き詰まることでチーム全体の生産性が限定される状態ではなくなってきます。その時点でボトルネックは既に他に動いています。

もしかしてクセの強い中堅が他部署との問題を起こすことが、その時点でのチームのボトルネックかもしれません。また、多くの業務を抱える高いパフォーマンスのベテランに疲労が蓄積されてモティベーションが下がっているかもしれない。あるいは、状況に合わせたボトルネック分析をやる余裕のないあなた自身が、チームの最大のボトルネックなのかもしれません。

チームリーダーとしてのあなたは、潰す度に〝動き続ける〟ボトルネックが、新たにどこに移ったかを常に意識して、それをまた一つ一つ潰しに行かなくてはなりません。次はどこがボトルネックになるか？ 常にそれを考えながら目の前のボトルネックを改善していくと、チームの生産性は驚くほど高まっていきます。

やがてチームの中に余力を残す人間がチラホラ出てきます。あなたの目には、チームとしての明らかなボトルネックも見当たらなくなります。こういう場合はどうするか？ チームとして期待値を引き上げ、もっと高い目的を設定するのです。全員を〝空っぽ〟に近づけることが上司の使命。余力があるならばもっと会社のためにチームを貢献させねばなりません。チーム機能としてのより高い目的とそれに応じた新たな分担を再考することが必要です。そうすると、新たな目的に対して、新たなボトルネックが見えてきます。

リーダーに本当に必要なのは「冷徹さ」

そうやってボトルネックを見つけては改善することを繰り返し、チーム全体の生産性を圧倒的に引き上げていく、そして個人の能力もそれぞれグイグイと引き上げていく。それがマネジメントの役割です。そういうリーダーがさまざまな階層や部門で増えれば、会社業績はみるみる高まっていきます。

実際に、余力が出てきたらすぐに目的を引き上げて全員を〝空っぽ〟にしようとする私のスタイルは、会社業績という点ではＵＳＪを未曾有の快進撃で再生させました。

しかしながら、〝人間〟はどう感じていたか？　私自身の観察でも、それほど勝ちまくっているのに、絶好調の業績に見合わない〝疲れ〟が組織に滲み出ていたように思います。私のようにジャングル出身の肉食動物には普通のやり方でも、もともと温厚な草食文化で育った人々には非常に厳しかったと思います。常に仕事が忙しく、誰もが〝ストレッチ〟されている状態が何年も続いていくからです。ついて来られずに会社を去った人もいましたし、ついて来てくれた人でも、常にほっとできない、楽ができない、成長し続けなければならないのは、正直しんどかったはずです。

しかしながら**〝人が緊張感なくラクに過ごせる組織〟は遠からず滅びます。**もちろん〝緊張感〟や〝負荷〟にも限度があるべきですが、負荷自体は必要です。なぜならば、戦っている相手は、その内側の〝ユルさ〟には容赦がない外部環境であり、競合だからです。実際にＵＳＪの業績も低迷していました。

ＵＳＪもあのまま負け続けて沈む方が良かったのか？　Ｖ字回復の前後を知っている人ならば、きっとそうは思わないでしょう。勝つ喜び、そして成長する喜びのある人生の方が魅力的だと、負け続けた経験のある人ほど骨身に染みているからです。したがって、ストレッチされる厳しさは、結果さえ出せれば、最終的には個々人の大きな喜びに繋がっていくのです。

事実、結果を出さなければ誰も守れません。どれだけ居心地が良い船でも、業績が悪ければ遠からず船ごと沈み、誰の給料も払えなくなる。船に乗っている個々人が成長なしに過ごした年月は、必ず後々のキャリアで本人がツケを払うことになる。あるいは、逃げ切れる世代が逃げたツケは若い世代が理不尽に背負わされることになる。

であれば、それをわかっている自分が、その一番厳しい仕事を組織のために早くやらねばなりません。どれだけ嫌われようとも、正しいことをやらねばなりません。自分が起点になって大切な仲間達をより長い目で見た成功に導くことができるか？　部下達が10年後に振り返った時に、「プロとして一番成長したのは、一番しんどい思いをしながら自分の能力の天井に挑戦していたあの頃だった」と思える目の前の1日を組み立てられるか？

本当に優しくあるためには、リーダーは冷徹でなければならない。それこそが規模の大小にかかわらず、人に責任を持つならば誰しもが備えるべき覚悟ではないでしょうか。そのために、志あるビジネスパーソンならば、一人一人を活かすための組織づくりの本質だけは理解しておかなくてはなりません。

第一部 組織に熱を込めろ!
「ヒト」の力を活かす組織づくりの本質

第2章

マーケティング革命とは「組織革命」である。

1．会社はなぜ成長できなくなるのか？

企業を取り巻く環境は必ず変わる！

市場環境は常に変化します。こちらの都合にほぼ関係なく、市場はどんどん変わっていきます。競合の参入によって変化が起こることもあれば、新技術の登場で変わることもあります。また昨今の少子高齢化の日本や、アジアの富裕層の激増など、人口動態の変化による市場構造の変化も、毎日少しずつですが確実に起こっています。一企業の立場で市場を思い通りに操作することは困難ですから、生き残るためには企業は変わる市場環境にタイムリーに適応しなければなりません。変わる環境に対して己を変化させることで適応する者だけが生き残る、自然界の生存法則と全く同じです。

企業の平均寿命はおよそ30年と言われています。創業100年を超えるような会社も中にはありますが、多くの会社が世代を超えて事業を継承できずに消えていくのです。一つ一つのケースを診れば千差万別の事情がありますが、**企業が消えゆく現象の共通点は、変化し続ける外部環境に適応できなくなること**です。劇的な変化が急激に起こった場合は、適応するための時間がありませんから、自己変革できずに倒産する確率は高いです。しかしながら、10年20年のゆるやかなスパンで進行している市場構造の変化にすら対応できずに業績を落とし続けている企業も少なくありません。それらの企業は、環境変化に対応する自己変革能力に乏しいのです。いずれ自然界の生存法則に従って淘汰されていくでしょう。

まだ本気になれば変革できる体力のあるうちに、自己変革を決断できないと、組織は変化する市場に適応できずに滅んでしまいます。オタマジャクシも、水が無くなる前にカエルになる決断をしなければ遅すぎるのです。しかし現実には、どうしようもなくなる前に自己変革するのは簡単ではありません。実際に多くの会社が英断を下せず、平均30年で死んでいるのです。

必要な組織構造は企業の成長過程で変わる

企業が誕生してから成長していくにつれて、「経営しやすい大きさ」には転換点が訪れます。どんどん大きくなるにつれて、**大きさの段階に適した社内組織の構造が必要**になるのです。逆に言えば、もしも組織構造を変えないのであれば、今の組織構造で維持可能な範囲で企業成長は止まることになります。「大きさ」と「構造」には密接な関係があり、「大きさ」

は「構造」によって限定されるのです。

企業と全く同じ「生き残る」という目的を持つ生物の組織構造は、ビジネス組織を考える上で大変良い参考になります。1系統が変化し続ける環境に適応するために進化してきた「時間の縦軸」と、異なる環境に応じた生き残るための戦略に従って爆発的に多様化されている「種別の横軸」が、現代を生きる我々にとって組織とは何なのかを考える際の思索のヒントをくれるのです。

生物学の観察によれば、生物にはそれぞれの種類に従って典型的な大きさが存在し、その種類に属する各個体は、ある一定の大きさの範囲・幅に収まっています（参考文献：バーナード・J・ミュラータイム著の『ビジネスの生理学』）。生物の大きさを測るには、頭の高さ、身体の長さ、皮膚の面積、質量などが用いられますが、それらの「大きさ」が変化するにつれて異なった身体構造が現れ、その大きさにおいて満足に活動できるようになっています。もちろん種類によって大きさの一定範囲には広い狭いはあっても、バラつきの幅には限りがあります。例えば、奇形を除けば、1kgの象とか、50kgの蠅などは存在しないのです。

ビジネスや経済制度においても、形態や構造が大きさに関係している場合が極めて多いのです。大部分の企業において大きさを示すのは、売上高、従業員数、年間給与支払額でしょう。売上が1億円の企業と、1兆円の企業とでは、組織構造が自ずと違っています。企業規模が大きくなればなるほど、その企業は組織を工夫しないと生き残れないということです。どれだけ図体が大きくなろうとも、動物が自重を支えて必要なエサを取り続けるために必要な構造を常に模索しないと生き残れないのと同じです。

大きすぎて自分の組織を把握できなくなったり、指示が身体に行き届かなかったり、内側から発生してくるさまざまな〝摩擦熱〟を解消できずにいると、その組織は市場から淘汰されてしまいます。

2. マーケティング・ドリブンな組織は生存確率が高い

市場構造のDNAは「消費者のプレファレンス」

企業が突然起こった大きな市場変化に適応するのは困難です。ということは、市場環境がどう変化しているのかを知ること、そして近未来にどう変化するかを、ある程度は予測しておくことが重要です。しかしながら、市場変化を分析して予測すると言っても、無数にある分析要素を一つ一つ追いかけるのは砂漠で砂粒を数えるようなものです。では変化をいち早く察知するにはどうすれば良いのか？

私が強く勧めるのは、市場構造に変化をもたらす震源である〝1点〟をひたすらモニターすること。その1点とは市場構造を形づくっているDNAとも言うべき存在、消費者の「プレファレンス（Preference）」です。拙著『確率思考の戦略論』でプレファレンスの詳細を論証していますので、詳しくはそちらを参照して下さい。ここでは簡単に説明しておきます。

プレファレンスとは消費者のブランド選択における「相対的な好意度」のことです。購買行動の際に消費者の頭の中にいくつかあるブランドの相対的な購入確率のことを指します。市場における一人一人のプレファレンスを束にすると、市場シェア（売上個数別のシェア）に等しくなります。

例えば、ある消費者がコンビニを選ぶ時に（距離が同じであれば）セブン－イレブン、ファミリーマート、ローソンを選ぶ確率が、それぞれ5：3：2くらいであった場合、その消費者の持つローソンのプレファレンスは0.2（20％）です。家からの距離が同じであれば、この人は毎週コンビニに1回行くとして、1年間でローソンに約10回程度（52週×0.2＝10.4）行くことがほぼ決まっています。プレファレンスが変化しない限りはそうなります。人間の購買行動は頭の中のプレファレンスに基づく確率のみに従うからです。

ちなみに「プレファレンスを上げるために何をどう仕掛けるのか？」という視点がマーケターとしての私のアプローチです。消費者のプレファレンスを大きく変化させることは、市場シェアを大きく変化させること。私は確率論を取り入れた数学的手法でプレファレンスの正体を測定し、意図的に操作する方法を編み出しました。それをＵＳＪで試してＶ字回復させることができたのです。

さて、ビジネスとは最終購買者により多く買ってもらうゲームですから、市場にいる全てのプレイヤーは、その最終購買者のプレファレンスの変化に合わせて変容します。自由経済においては、競合を出し抜いてより多くを買ってもらうために、製品性能も、訴求便益も、原価構造も、価格設定も、流通も、メディアコミュニケーションも、あらゆる要素が変化する消費者のプレファレンスにより良く合わせるためにどんどん変わっていくのです。しかしそれらの目に見えやすい変化は全て〝現象〟にすぎません。目に見える変化（現象）ばかりを追いかけると本質を見失います。市場を変化させている〝本質〟は消費者のプレファレンスです。

「倒確」が出る前に自己変革できるか否か

消費者の頭の中で起こっているプレファレンスの変化をモニターし、変化の兆しを見つけ、自社のプレファレンスを上げ続ける努力はもちろん、市場の近未来をある程度は想定できる企業は長年にわたって生き残る確率が高い。**市場構造に合わせて自己変革できると、いつの時代も、どのような状況でも、生存できる確率が高い。**その特徴を一言で表すと「消費者視点」です。消費者視点の企業は、常に消費者を見て、変化し続ける消費者プレファレンスに競合を出し抜いて対応することに集中しています。したがって、自動的に市場変化に対して都度の微調整を繰り返して、環境変化に対応することが日常化できている。だから生存確率が高いのです。

しかしながら、この日本市場には、消費者視点とは決して言えないのに50年や100年も大きな規模を維持している会社もあります。何もしなくても市場が拡大し続ける高度経済成長の波に乗って、あるいは規制に守られて、右肩上がりの社会経済構造に助けられて、たまたま適応していたのです。しかし、ここからの未来を生き残れるでしょうか？

量的成長がなくなった日本での質的な戦い、少子高齢化の内需の食い合いの中で、SNSによるコミュニケーション革命、ECによる流通革命、IoTによって新たに生まれる価値、人工知能の発達など、変化は相乗的な加速を続けています。ここから起こる市場変化のマグニチュードの大きさは、今まで人類が経験してきた範疇を大きく超えるでしょう。市場変化に適応する力なしに生き残れるでしょうか？

経営資源を消費者のプレファレンスに集中するその能力、消費者プレファレンスを読み解いて会社を勝つ確率が高い焦点に集中させるその働きを、私は「マーケティング」と呼んでいます。マーケティングは、会社を市場（≒消費者）にフィットさせ、消費者の頭の中に〝選ばれる必然〟を構築し、売上を中長期的に獲得できるようにします。我々マーケターは、その〝選ばれる必然〟のことを「ブランド」と呼んでいます。ブランドは消費者の頭の中に存在して、その相対的な力関係でプレファレンスを決定しているのです。

市場の変化は予期せずに否応なしに発生しますが、いつどの程度の自己変革を決断するかは、その時点でのリーダーの判断に委ねられています。まだ変化する余力が残っているうちにその決断ができなければ、その組織は滅んでしまいます。オタマジャクシは、池の水が無くなる前に水が無くなることを予測し、エラのまま別の池に引っ越しするか、カエルになって肺呼吸で生きられるようにするか、決断しなければ死んでしまうのです。

ＵＳＪにも死んじゃう前に自己変革してもらいました。20年後の関西市場の現役人口を予測すると、関西市場が数割も縮小することが予測できました。私が入社した２０１０年当時は700万人そこそこの年間集客で辛うじて生きていましたが、近未来には「倒産確実」の赤いバラが付いていたのです。生き残るためには、まだ動ける今のうちに、消費者のプレファレンスを的確につかんで成長を遂げて「関西という小さな池のオタマジャクシ」から「大きなアジアで生きられるカエル」に進化するしかありません。

そこで、ブランドのポジショニングを「映画だけの専門店」から「アニメやゲームもあるセレクトショップ」に変え、小さくなる関西市場でより広くプレファレンスを獲得できるようにしました。また、450億円を投資するリスクを背負って「ハリー・ポッター」を建てたのも、小さくなる関西への依存体質を脱却して、遠方からUSJに行きたくなる理由を作って集客するためでした。関西が小さくなる未来は変えられなくても、日本全国やインバウンド（海外旅行客）から集客できる構造を持てば、生きていけるどころか今よりもずっと大きな市場で戦えることがわかっていたからです。

このようにマーケティング・ドリブンな組織は、消費者のプレファレンスをモニターし、市場構造の変化を予測しながら、まだ元気なうちに次の飛躍的な成長手段を考えています。

3.「売れるものをつくる」組織づくりの本質とは？

組織改革から始めるマーケティング革命

ＵＳＪでやったことは、マーケティングのノウハウを移植したことだけではないのです。マーケティングのノウハウだけでは会社は動きません。全社を消費者視点で連動させてドライブできないのであれば、どれだけ良いプランを思い付いても作れても、実行できないから絵に描いた餅で終わってしまうからです。

第1章で述べたように、マーケティングを機能させるには、会社としての最低限の「マーケティング・システム」の構築が必要なのです。マーケティング部は、まして一人のマーケターは、マーケティング・システムのほんの一部分にすぎません。だから、そこだけを変えても、マーケティング・システムの鎖の繋がりの中で、他の箇所にボトルネックが多すぎてほとんど機能しないのです。

多くの優秀と言われるマーケターがさまざまな会社に単騎で飛び込んでも結果を出せずに苦戦しているのはそのためです。立てた策を実行できないのです。良策を立てたとしても、会社トップに策を決断させることができない、あるいは採用しても組織が策通りに動かないから、どちらの場合も結果が出ません。**マーケティングに限ったことではないと思いますが、マーケティングは策を立てるより実行する方が100倍難しい**のです。

マーケティングが苦手な会社を何とかするということは、組織変革から始める覚悟と、そのための「組織構築スキル」が必要です。結局、マーケティングができるようになるには、マーケティングノウハウの習得と組織改革をセットで行わなければならない。しかも、組織を改革するのは「マーケティング・システム」だけの話ではなく、その他の3つのシステム（「ファイナンス・システム」「生産マネジメント・システム」「組織マネジメント・システム」）も、連動できるように体制を整える必要もあります。つまり、全社組織を消費者視点でドライブできるようになるということ。

マーケティング革命とは組織革命なのです。

消費者視点で全社連動させる「マーケティング・システム」

ここからは、企業にとって生きる源泉とも言うべき〝売上獲得〟の使命を担っている「マーケティング・システム」の全貌を明らかにします。

「マーケティング・システム」がしっかり機能する会社は、消費者視点で会社全体が機能する〝マーケティング・ドリブン〟な会社であり、変わり続ける市場環境に適応し、市場の消費者価値を創造し続け、中長期にわたって売上を獲得することができます。

これ以降で私が最も力点を置きたい結論を最初に明確にしておくと、商品開発機能（基礎研究を除くR&D機能）は生産システムではなく、マーケティング・システムの中にあるべきということです。ここが重要です。**消費者視点で全社連動させるカギは、マーケティング戦略の下で商品開発を機能させる**ことです。しかしながら、商品開発がマーケティング・システムに実質的に組み込まれていない会社は山ほどあります。製造業のほとんどがその間違いを犯しているのではないでしょうか。

「狭義のマーケティング」が会社をダメにする

もう一度、ここで扱う〝マーケティング〟の存在意義を確認しておきましょう。私が意味する「マーケティング」と、よく誤解されている「狭義のマーケティング」を間違えると、この後のコミュニケーションが成立しませんので、明確にしておきます。

私が考える**マーケティングは「市場価値を創造する仕事全般」**を意味します。それに対して、よくマーケティングを理解していない人が誤解して使う**狭義のマーケティングは「販促プロモーションの仕事」**を意味します。宣伝広告や価格施策などに代表される重要な領域ですが、私の考える正しいマーケティングの定義の中に、狭義のマーケティングはそのほんの一部としてすっぽり入ってしまいます。私の考える本当のマーケティングはもっとずっと広範囲です。市場に価値を創り出して適応するための一連の行動ですから、企業活動全般にほぼ近い大きな輪郭を持ちます。

そもそもマーケティングは「知覚➡判断➡行動」にまつわる一連のシステムで機能するものです。狭義の意味でしかマーケティングを認識していない人は、人体が獲物を捕る〝狩猟能力〟を前にして、左目だけが狩猟能力とか、右の人さし指だけが狩猟能力とか言っているようなものです。そのような認識だからいつまでも会社全体で機能させる「マーケティング・システム」を構築することができない。マーケティングを狭い意味で捉えて1人2人のマーケターを外部から入れる〝部品交換〟しか考えられないからです。本当の問題はむしろ部品そのものではなく、部品を組み合わせた〝システム設計〟そのものにあるのです。

本当のマーケティングは、マーケティング部を遥かに超越しているということです。マーケティングの考え方は、営業部も技術部も人事部も、全社員が頭に入れておくべき概念です。マーケティングは市場価値を創造する仕事、つまり会社の存在理由とほぼ同じ輪郭を持つのですから当然です。全社員がマーケティング・マインドを持ち、消費者の本質としっかり向き合って日々の仕事をしなくてはならない。マーケティング部だけがマーケティングをやっている会社は実は弱いのです。

しかし現実は「狭義のマーケティング」しか知らない会社が非常に多い。そういう会社はこの時点ですでに負けているか、本来もっとずっと高く飛べるのにそのせいで低空飛行していることに気が付いていません。

狭義のマーケティングが蔓延している会社で最もよく見られる問題点は、マーケティング戦略の下で商品開発が機能していないという点です。私の考えでは、商品開発はマーケティング・システムの中には欠かせない要素ですが、それをマーケティング・システムの〝外〟でマーケティングと並列にするのは、商品開発が消費者の方を向いて仕事をしなくなる構造的な理由を作ることになります。技術ドリブンな会社では、商品開発がマーケティング戦略を支配する本末転倒な構造すら珍しくありません。

狭義のマーケティングでは、マーケティング部が宣伝広告部だと勘違いされているので、商品開発から上がってきた新製品の企画に値段を付けて売ることが仕事になっています。つまりこういう会社では「作ったものを売る」社内構造の中で限定された下流部分でしかマーケティングが機能しません。しかしそれでは上流の源泉からちゃんとマーケティングをする会社には勝てないのです。「作ったものを売る」のではなく、どうやって「売れるものをつくる」ようにするのか？ そのためには、マーケティングが販促どころか、プロダクト企画のずっと以前から始まっていなければならないのです。

経営者の方々に私がよく伺う質問があります。それは「御社のバリューチェーンはどこから始まっているとお考えですか？」という質問です。バリューチェーンとは企業が〝価値〟を創り出すための一連の仕組みのことですが、その答えとして「市場構造や顧客を理解するためのマーケティングから始まっています」と答える方は、ほぼ皆無です。製造業の経営者のほとんどが「商品開発から」と答えます。彼らの頭の中には「消費者が何を求めているか？」から全てが始まっているという真実の理解がないのです。深層心理の深いところで「自分たちの技術をどう売るか？」しか考えていない。これが現実。しかしそれは、未だにマーケティングが普及していない日本の〝闇〟ですが、私にはむしろ〝希望〟に思えるのです。

こう言うと、社員数の多い大会社の中には、「弊社は商品開発部門の中にマーケティング機能も持ち合わせているから指摘は当たらない」という経営者もいらっしゃいました。しかしながら、私に言わせていただくと、それも狭義のマーケティング、視野狭窄です。商品開発の中にあるマーケティング機能は、本当に〝市場構造〟や〝売りの最前線〟を読み解く能力を備えているのでしょうか？　つまりその担当者は、カテゴリーの未来の予測から実際の商業ベースでの売りやすさまでの広範囲を考えて、本当に商品開発をリードできているのでしょうか？　流通のしがらみ、価格ポイント、広告上でのキラークレームの言いやすさ、広告での強力な絵作りのしやすさ…。そういうことを考えながら製品開発できるマーケターが商品開発の中に本当にいるのですか？という話です。

仮にそれらのスキルを備えている優秀な人間を入れたとしても、部門のミッションで評価される商品開発部門長の利害を突破できるのでしょうか？　実際には、商品開発の内部にいるマーケターは、技術や製品の開発にフォーカスされた商品開発の部門利害のために優先順位が一杯になるはずです。結局、「作る人のためのマーケター」も「売る人のためのマーケター」も、狭義すぎて会社全体の利害を消費者視点でドライブするには役不足なのです。

マーケティングと商品開発が分断されている会社の不幸

かつてのＵＳＪも「作ったものを売る」という狭義のマーケティングしか知らない会社でした。エンターテイメントを作る商品開発の役員と、マーケティング・営業を束ねる役員がそれぞれ分かれて存在し、それぞれが社長にレポートしていました。前者は作る人、後者は

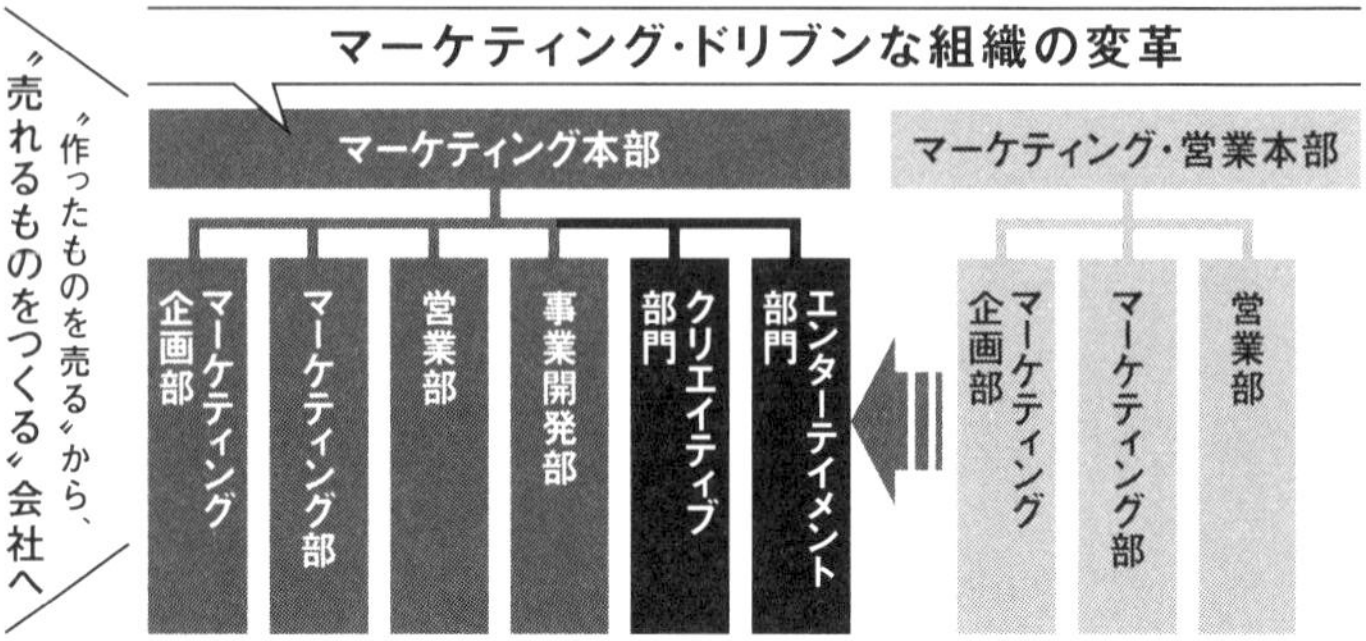

それを売る人だったのです。それを「売れるものをつくる」組織に激変させてUSJはV字回復しました。

何をしたのか？　USJでは商品開発（エンターテイメントやクリエイティブ部門）をCMO（チーフ・マーケティング・オフィサー）である私のマーケティング組織の直轄にしたのです。簡単に言えば、私の下に、市場調査機能、マーケティングの上流部門（コンセプト開発など）、マーケティングの下流部門（宣伝広告など）、営業部門、そして商品開発部門を一気通貫で持ってきたのです。そして私が直轄するそのマーケティング・システムを、丸ごと「マーケティング本部」と呼称したのです。

これにより一連のマーケティング・システムを構成する重要機能が全てCMOの判断で連動できるようになりました。例えば、市場構造や消費者分析から勝つ確率が高いマーケティング戦略を作り、その戦略に基づいて〝売れる確率が高い〟アトラクションやイベントのアイデアをひねり出し、素早く意志決定し、作り手の間違ったこだわりに注意しながら開発して導入することができるようになり、新規プロジェクトが面白いように当たるようになりました。

多くの企業では、マーケティング部門と商品開発部門が分かれています。かつてのＵＳＪだけでなく、私の古巣のＰ＆Ｇもそうでしたし、お互いの専門性が異なるから分けておきたくなるのはわかります。しかしそれは本当に正しいのか？　私が本書で投げかけたい疑問はこの点です。

いずれもマーケティング・システムとして欠かせない機能ですから、どこかで連動して繋がらなくてはならない。部としてくっつけろとか、そんな単純な話をしているのではありません。ずっと**離れたままではまずい**のです。その2つをブリッジする強力な役割を誰かが担っていないと会社は勝つことができないのです。マーケティングのレポートラインと商品開発のレポートラインが、それぞれ別々の役員のさらに上、つまり専門性や時間が足らない社長のところでようやく繋がるような会社では、本当の意味でのマーケティングは機能しません。

実は**「消費者」と「プロダクト」は双極性の関係**にあります。双極性とは、北と南のようにお互いに相手がいないと成立しない関係のことです。プロダクト（消費者の欲求を満たす財やサービス）は技術を練り回したら出来上がるのではありません。「消費者」という存在がなければ、プロダクトは価値が定まらないので存在できないのです。その逆もまた同じです。消費者だけを見つめてどれだけ良い価値の仮説を導いたとしても、プロダクトなしには価値は具現化できないのです。このように、消費者はプロダクトを、プロダクトは消費者をお互いに不可分な存在として必要としている。にもかかわらず、その2つを多くの会社で、わざわざ分断するように組織を編成しているのは本当に正しいのか？

大手製造業ではよく見られることですが、その分断された構造による弊害に満ちています。代表的なものは、商品開発が消費者からズレ始めて「商品開発のためのものづくり」をやり始めることです。悪意はなくとも技術者達の「間違ったこだわり」が横行し、専門性を積めば積むほど消費者視点からどんどんズレていく。「プロである技術者が良いと感じるもの」を本当に正しいと思って作るようになっていきます。

かつてのUSJでも、職人が手間暇と金をかけてエイジング（経年劣化を表現する塗装技術）を駆使して作った海賊船が「オンボロで汚らしい」と散々なゲスト評価だったことがありました。これらはまだ「情熱」の焦点がズレているという問題なので、焦点を変えれば情熱は再び活きてきます。しかし、もっと酷い状態に進むと、部門利益のために意図的に消費者を無視することも少なくありません。

例えば、知人の勤める某大手メーカーでは、新製品調査ではなぜかOAR（Overall

Rating＝総合評価）をあえて質問しないのです。質問するのは彼らが研究開発に力を入れた一つ一つの細かい項目（例えば、静粛性、握りやすさなど）のみです。それらの項目で既存品や競合製品に勝てば商品開発部門として評価されるのはわかるのですが、その細かい項目がＯＡＲにどう影響を与えているのかを診ないことには、その調査はほとんど意味がありません。

そこでＯＡＲを聞くように知人が質問票を変更しようとすると上司に厳しく怒られたと。「そんなことをするとその研究項目が総合評価に意味がないことが露見する。それが部として非常にまずいことくらいわからないのか！」と叱責されたそうです。ＯＡＲの欠如すら突っ込めない社長や他部署の幹部達は、調査の内容すらも全く見ていないのでやりたい放題だそうです。

また、別の某社（お風呂を快適にする製品群を売っている）では、こんなことがあったそうです。製品のブラインドテスト（商品名を隠した調査）での話。競合に対して製品優位性を証明しようと、自社製品の消費者には「入浴剤・バスソルト類を使わないで下さい」という注意書きを付け、競合製品にはそれを付けずに調査を実施していました。実は、ボディシャンプーやヘアシャンプーなどは、入浴剤やバスソルトを溶かした湯水では泡立ちが悪くなるのです。泡立ちが悪いと総合評価に大きく悪影響を及ぼしますので、片方だけにそれを規制すれば公平な結果を得ることはできません。

自社製品のスコアを有利に導こうとしたのは明らかです。このケースでは、公平に調査したように見せかけて、本当に欲しかったのは「自社プロダクトは競合よりも良い、売れないのはマーケティングが悪いからだ」と言えるデータだったようです。

ちなみに、この両方のケースで大問題なのは、どうして評価される当事者である商品開発部門に調査を任せてしまっているのかという点です。それでは被告人と検事を同じ人間にやらせるようなものです。消費者から逆行した不可思議な調査が行われるのも、部門利益のために会社に幻覚を見せるのも、客観性を担保できない組織構造の稚拙さが原因。そのような悪さをしてもバレにくい構造では、猫の目の前に鰹節を置いているようなものです。上がボンクラだった場合も猫に鰹節です。露見する確率が低いと感じる構造が、部門利益や個人利益の追求を誘発します。社長が発見できなければ誰もわからないという構造ではまずいのです。

商品開発部門のことばかり書いていますが、他の部門も全く同じです。例えば、マーケティング担当が作ったプロモーションプランの効果測定を、マーケティング担当者に密室でさせても同じようなことが起こるでしょう。

また、生産マネジメント・システムがよくやるのは、会社全体が新商品の導入のためにターゲット原価を設定して必死にやっている時に、コストにパッド（余裕）をドシドシと組み込むことです。なぜか？ 他の部門にバレないからです。当人達は、約束したコストターゲットを満たせなければ会社に迷惑をかけるからと言い訳するでしょう。しかし、その行動の本質は、ターゲットを達成できないと責任を問われるので保険を入れておきたい、期待を低くしておけば評価されやすいというケチな動機。さらにはどうせ翌年からコストセービングのプレッシャーが来るので、最初からパッドを入れておかないと、後々自分たちの成績が上げられず困るという動機。つまりこれも「部門利益＞会社」の構図です。

「森岡さんは性善説に立ちますか？ それとも性悪説に立ちますか？」とよく聞かれます。その二択であれば、性悪説に立って組織はつくらねばならないと私は迷いなく答えます。マキアベリや韓非子とその点では同じ考えです。性悪説という言葉がネガティブな響きなのですが、本当は〝悪〟なのではなく、人間の本質がそのようにできているだけです。にもかかわらず、そんな人間の目の前に、わざわざ〝鰹節〟を置いて、悪い行動をする確率を高めてどうするの？という話です。

結果責任を持たないＣＭＯはいらない

さて、本筋に戻ります。要するに、消費者と商品は双極性なのに、それぞれを切り分けて組織を完全に分断すると、それぞれが部門の使命を果たせずに終わるように組織構造をつくってしまっているのです。社長は、それぞれの部門が自分のところで繋がって一つの絵になっていると考えがちなのですが、それは自己認識が甘い。実際は社長にはそんな専門性も時間もないケースがほとんどだからです。そもそも社長はマーケティング・システムにかかりっきりになるわけにはいかない。実務以外に非常に忙しいことも忘れてはいけません。なので「消費者⇕プロダクト」という双極性の関係を機能させることに責任を持つ、社長ではないもう一つの役割が必要となります。

その役割をＵＳＪではＣＭＯとして設定し、マーケティングも商品開発部門も、それぞれがＣＭＯにレポートするようにしたのです。それで劇的に変わりました。

きっと他にもやり方はあるでしょう。ＵＳＪにおいて機能したＣＭＯの役割を、スーパーマン社長が本当にこなせる会社であればそれもオプションです。社長が配下のマーケティング部門長と商品開発部門長、それぞれを協力連動させて、本当に良い仕事をさせられるのであれば可能です。しかし現実は、マーケティング領域とプロダクト領域を頭の中で統合して消費者価値を創造する戦略を練り込むのには、高いマーケティング技能が必要になります。その専門性を持ち合わせていない社長が、その役割が果たせると思い込んでいる会社が不幸に近づくのもまた事実です。

逆に、商品開発部門のヘッドをＣＭＯにして、マーケティング部門長をレポートさせるやり方もあり得ます。しかしこれも社長と同じチャレンジがあり、ＣＭＯに要求されるブランド戦略を構築する高いマーケティング能力がないのであれば解決策ではありません。それがないとモノは作れても市場価値は創造できないので、そのようなスキルを兼ね備えた商品開発部門のリーダーがどれだけ存在するのか？という壁は高いでしょう。

まとめます。「プロダクト」と「消費者理解」は双極性にもかかわらず、組織構造として切り分けっぱなしの会社が多すぎます。組織表の上では社長で繋がっているように見えても、実際には社長には繋げる専門性や時間が無いので、実質はほとんど機能していないのです。だから、会社全体が消費者視点で連動して動かない。商品開発部門は消費者視点から遠のき、部門利益のために働くようになり、マーケティング部門も狭義のマーケティングで目先の売りしか気にしなくなります。やり方はいくつもあるでしょう。しかし、商品開発部門とマーケティング部門の両方を繋いで統べる役割の設定が不可欠だという結論は変わりません。

最後に、ＣＭＯについてよく聞かれるので私の見解をもう少し述べておきます。現状での

「CMO」職は日本での普及はまだまだ進んでいないようですし、実際に設置した企業でもなかなか機能しにくいと思われているケースが多いようです。しかしながら、機能していないCMO職は、個人能力の問題もさることながら、本質的には構造上の欠陥があると私は考えています。**CMO職を「ビジネスの責任を取らなくてもよい人」として位置付けたら失敗する確率は高い**でしょう。

大会社の名誉職としてCMOを名乗っている人がいたり、売上責任を取らないくせにブランディングに口を出す評論家のようなCMOがいたり、あるいは企業のマーケティングのトレーニング担当をCMOと呼んでいる場合もあります。そう言えば、かつてのP&Gにも売上責任を取らないCMOがいて、私は責任を取るラインのマーケターとしていつも大迷惑に感じていました。偉そうに言うくせに責任は取らない、そんな人には人々は心の底では従いません。社内にこういう〝自分だけ安全なコンサル〟のような人が増えていくと、責任の所在は不透明になり、組織は歪んでいきます。

結局、そのようなCMOは、遠慮して中途半端な評論家で終わるか、遠慮せずに本当に迷惑な存在になるか、どちらかしかないのです。ブランディングだけ見たいのであれば、その人は「社内ブランド評論家」と正直に名乗ればよいのではないでしょうか？

〝マーケティング最高責任者〟は会社に1人しかいない貴重な存在のはずです。その1人を最大限機能させるためには、**組織責任と結果責任から決して逃がしてはいけない**と、私がトップならばそう考えます。ＣＭＯは川上から川下まで「マーケティング・システム」を機能させる最終責任者として位置付け、マーケティング部長も商品開発部長もＣＭＯにレポートさせることを、私はオススメしています。

第3章

理想の組織とは「人体」である。

1．明確な役割による人体の恐るべき「共依存関係」

真のマーケティング革命とは、組織革命である。では、ここで言う組織とは、どんな姿かたちをしているのでしょうか。

私が**理想とする組織モデルは「人体」**です。ビジネス組織の理想を考える時に、私が「人体」を理想とする理由は、「環境に適応して生き残る」という目的に対して純粋に確率を高くする恐るべき特徴をいくつも持っているからです。今まで参考にしてきたさまざまな組織の例と比べてみても、ビジネス組織の目的と戦略に最も近かったのは「人体」です。

「感知➡判断➡行動」の超高速サイクル

人体組織が当たり前にやってのけているこの行動が実は、企業組織にとっては理想の動きなのです。目や耳や鼻や皮膚などの「感覚器」が感知した情報が、神経伝達によって大脳などの「中枢神経」に伝わり、そこで適切に判断され、また神経伝達によって筋肉などの「身体部位」に的確な指示が伝わり、身体は判断通りに正確に行動します。しかも、行動の結果得られた新たな情報も即座にフィードバックされて「感知⬇判断⬇行動」のサイクルを瞬時に回します。これが速い。そしてなめらか。

このタイムリーに統合された行動が取れるおかげで、人体は「食べ物を見つけたら取って食べる」「敵に襲われたら走って逃げる」といった生存確率を高くする行動を瞬時に取ることができます。また「取ろうと思ったら木の実が落ちたので即座にキャッチする」といった瞬間での適応行動で、生存確率をさらに高くします。これらは企業で何としても実現したい極めて素晴らしい組織能力です。

そのような他の動物でもできそうなことに加えて、人体には最強の武器である発達した大脳の判断力があります。そのおかげで「食べ物を生産する」「予め危険生物を強力な武器で排除する」といった高度な行動を取ることもできるのです。実は、人間でも、魚でも、猫でも、生物の身体構造は非常に理にかなっていて素晴らしいのですが、その中でも私が「人体」を最上だと考える唯一の理由は、判断能力を司る「大脳」の能力が全ての生物の中であまりに突出しているからです。「感知能力」や「筋力」などの身体能力だけならもっと強力な生物は他にたくさんありますが、「判断力」も合わせた総合力では現在の繁栄が示す通り最強生物は人間です。

脊髄反射は、理想の〝ミドルマネジメント〟

人体組織の驚くべき能力の一つに、危機時には中枢神経の親玉である「脳」の判断を待たずに緊急回避行動を取れることがあります。例えば、手が熱いヤカンに触れた瞬間、その「ヤバい！」というシグナルは、遠い脳まで往復するのを待つことなく、脊髄あたりの指示で即座に手を動かして回避行動が取られるのです。これは本当に素晴らしい。脳まで往復する時間で身体がダメージを負うことを避ける最低限の行動を即座に実行できるのが人体組織です。

比べて、我々の会社組織はどうでしょうか？　危機時のマネジメントとして、現場情報はどれだけ素早く中枢神経に向けて「信号」を届けることができるでしょうか。タイムリーに届いたらまだマシですが、脳があれこれ判断を逡巡している間に傷口が大きく広がるケースが後を絶ちません。人体組織のように脊髄あたりのミドルマネジメントが最低限の危機回避行動を上層の指示を待たずに取れる組織がどれだけあるでしょうか？

私はＵＳＪで人の命を乗せる仕事をしていましたが、何百万人、何千万人もの膨大な人数をアトラクションに乗せて運行を繰り返すと、確率論で明らかなように、いつか必ず重大事故が起こります。事故の発生確率はポアソン分布（長期間に、ある事象が一定の確率で起こることを示す確率分布）していますのでゼロにはなりません。現実世界においてこれは一定確率で確実に起こるのです。むしろ起こらないと思っていると事故確率を高めてしまいます。絶対に起こると考えて、その発生確率を極小化するためのシステムと人智を結集して安全意識を徹底するしかありません。その自覚と緊張感こそが10年に1度の確率を、50年に1度や100年に1度に抑える力になります。

そこで極めて大事になってくるのが〝現場〟です。現場こそが、最も早く危険を察知することができ、最も多くの重要情報を感知できるからです。ちなみに現場の重要さは、人命にまつわる話だけではありません。商品を売る現場や、モノを作る現場は、活かすかどうかによって企業の生死を分ける重大情報にあふれています。現場はその情報の持つ意味がわからない、中枢はその情報を知らない、したがって誰も活かせていないだけです。

危機時においては「感知➡判断➡行動」の〝ターン速度〟が勝負です。まずは現場が鬼の速度で中枢に勇気ある第一報を放たねばなりません。その情報が社長や幹部が感知していない無意識の段階で、どれだけ速く中枢に届くようにできるのか、あるいは内容によっては中枢を待たずに現場近くで判断してアクションを取れるのか、そういう勝負です。待てる案件についてはは中枢でじっくりと正しい選択をする、待つべきでない案件に関しては現場に近いところで判断をするのが理想です。しかしどちらの場合も、待つべきか否かの判断は、現場か、現場に近いところでしなくてはならないのです。

人体組織の危機管理システムの特徴は、**内容によって意志決定権限が明確に委譲されているということです。**ミドルマネジメントに、そして現場に、明確に権限が委譲されているのです。しかも、ミドルや現場の当人たちは、**その権限を自覚し、逃げずに権限を行使する。**そのスピードによる一次避難こそが組織全体を危機から救う。ちなみに眠っている間に熱い線香の先端で足先に触れても、覚醒している時ほどのスピードではありませんが、程なく飛び起きて危険からの回避行動を取ります。n＝1ですが、家族の協力で人体実験しましたが軽微な火傷で済みました（笑）。

つまり、人体の危機時の脊髄反射システムは**百発百中で機能するようにプロトコールが組織全体に徹底されているのです。**これを会社組織で実現することがどれだけ難しいか、挑戦した経験のある人は骨身に染みて理解できると思います。

人体組織には〝内ゲバ〟が無い！

人体組織が素晴らしいと思う別の理由は、部位のそれぞれの役割が明確で、お互いに「共依存関係」になっていること。それぞれがそれぞれの役割でお互いを支え合って、エネルギーの無駄を極力小さくして、全体が連動して目的の達成に一致団結しているのです。

共依存関係の組織には、簡単に言うと〝内ゲバ〟がありません。争いは人体内部にはなく、戦うべき共通の脅威は人体の外にあります。仮にその人体が腎臓病になったとします。腎臓の働きが悪くなった時に、他の臓器はどうするか？　他の臓器はそれぞれの役割を駆使して、必死に腎臓の機能低下の影響を食い止めようとします。どこかの会社のように、大して働いてもいない肝臓が、具合の悪い腎臓の文句を言ったり、ここぞとばかりに足を引っ張ったりしないのです！

ここで人体組織から我々が学ぶべき重要なヒントの一つは、各臓器が**「上下関係」ではなくて、明確な役割による「共依存関係」で繋がっている**ことだと私は考えています。

人間の体で最も重要な臓器は何だと思いますか？　私の講演などでこの質問をすると、だいたい6割が脳、4割が心臓と答えます。生命維持を直轄している脳や心臓、特に人体組織が最強であるための知性の要である脳は支持者が多いようです。しかし私は、脳も心臓も他に比べて突出して重要だとは思わないのです。

では脳と腸ではどちらの方が重要でしょうか？　きっとほとんどの人が脳の方が重要だと思っているでしょう。しかし、私はそうは思わないのです。腸がなければ脳は栄養がもらえずに死んでしまうからです。

私はどの臓器も同等に重要だと考えているのです。なぜなら、どの臓器もそれぞれの役割が決定的に重要であって、どれが欠けても人体組織が生存できないからです。第1章で述べたように組織は〝部位〟で完結することはなく、「機能が繋がった鎖」として目的を果たすからです。途中で何か1つでも欠落したり、何か1つがボトルネックになるだけで、重要な機能が果たせなくなります。

つまり、全身に酸素を送る心臓だけが特別に大事なのではありません。もしも同じ循環器システムを担っている肺がボトルネックになったならば、心臓がどれだけ頑張っても全身に酸素は届きませんから同じことです。心臓と肺も同等に重要。それぞれの臓器が己の役割を忠実に果たすことが、他の臓器の活動および全体の生存を可能にしています。

これこそが美しい「共依存関係」であって、どちらがより重要かという「上下関係」の概念などなく、この瞬間も我々の臓器たちはひたむきにそれぞれの役割を果たしてくれているのです。

これは、よく考えれば当たり前なのに、なぜか多くの人の中で脳や心臓の方が他よりも重要視されているようです。脳や心臓が、他の臓器よりも上であってその他は下と思うような「上下関係」で物事を見るクセが、残念ながら我々の認識には染み込んでいるようです。

上下関係や優劣で見てしまうと、主導権争いを始めて〝内ゲバ〟が起こります。皆さんの会社にもありませんか？ 営業部vs生産統括部、開発部vsマーケティング部などの対立です。本当の敵は社外にいるのに、協力して外に立ち向かわないといけないのに、なぜか内側で争う、あるいは争わないための調整や交渉にあまりに多くの時間や労力を浪費している…。それらは外向きに使えるはずの壮大なエネルギーなのに！

それに比して、人体の「役割による共依存関係」は恐ろしいほどに上手くできています。本当に美しい！ 私は会社組織も何とか人体のようにならないかと模索してきました。共通の目的に向けて、それぞれの専門性を活かした明確な役割を設定し、上下関係ではなく共依存関係で繋がり、内側は一致団結して外部環境の脅威に立ち向かうのです。

2. 多くの会社で神経伝達回路が破断されている！

理想の組織を人体として考えると、組織問題の本質がわかりやすくなります。

私は今まで多くの会社を密度高く診させていただいて、それまでUSJでそう思ってやっていたことが正しかったと確信に変わりました。組織能力の課題には、大脳や腎臓や筋肉などのそれぞれの「部位の問題」もありますが、それよりも顕著に重症なのは、組織において部位同士、そして部位を支える細胞同士のコミュニケーションが甚だしく破綻していることです。**多くの会社の最大の問題は、人体で言うところの「神経伝達回路」が破壊されてしまっていること**です。

現場の部位から中枢部位までの縦方向だけでなく、腎臓と肝臓のような横方向も、神経伝達回路が破壊されています。縦方向も横方向もコミュニケーションができないので、組織全体は統合された行動が取れない。つまり「感知⬇判断⬇行動」の、この矢印部分が壊れてしまっているのです。手が燃えているのに脳は気が付かない。左脚を前に進めたいのに右脚だけが動く。手足や頭などの〝部位〟がどれだけ優秀でも、回路が破綻していてはその力を組織として活かすことができないのです。

「感知⬇判断」において、伝わらないから意志決定できない、あるいは歪められた情報に基づいて意志決定がなされるという問題が起こります。ある部署の社員が市場の動向を正確に捉えた！　人体で言えば、目が真実を捉えた瞬間に当たります。しかし、その事実を部長にそのまま報告すると、今まで部が推進してきた方向性に矛盾をきたすから部長の顔を潰すことになりかねない。だから、忖度し、マイルドに解釈し、見たものを歪めてから部長に報告する。せっかく目が正しい情報をキャッチしても、それを伝える段階で、人を介する度に歪められてしまうのです。そのように、**脳がまるで幻覚や幻聴に基づいて判断する**ような恐ろしいことが組織ではよく起こっているのです。

また同様に、判断されてからその意志を実行する「判断⬇行動」の段階でも神経回路が壊れていますから、現場は動かないか、意図とはまるで異なる動きをします。

私は多くの経営者の方々のご相談を受けますが、自分のビジネスの現場で何が起こっているかを明確に把握できている人が少ないことに驚かされました。聡明で情熱ある方々が多いですが、それでも現場課題の優先順位や、経営に重要な基本係数（ＫＰＩ）を把握するのに苦労している人が少なくありません。外部環境に適応して生き残るのが全員の目的のはずなのに、なぜか脳に正確な情報が素早く伝わってこないのです。

皮膚感覚が無い、幻覚や幻聴がする、このような中でトップが正しい判断を下すことは困難です。社長が運転席に座ってハンドルを切ろうとしているのに、皆で社長に目隠しをして、壊れたナビゲーションの音声を聞かせて、変化のある悪路を運転させているようなものです。多くの経営者の方々は、その原因が担当部門や個人の問題だと捉えがちなのですが、実は問題はそれよりも根深い。社長でさえ苦労しているのですから、ずっと職務権限が弱いそれらの担当者は、社内から適時情報を集めようにも困難を極める組織体質になっているのです。

私はそのような時は、個々人の課題よりも、むしろ神経伝達回路に着眼してみることをオススメしています。必要な空気が吸えない時に「肺」を厳しく叱責しても、肺は必死に頑張っているのに、口を開ける筋肉と連動できないから吸うに吸えなくて困っていることもあります。要するに、まじめな日本人の組織ですから、部位や細胞ごとには、己の作業をこなすという意味では必死に頑張っていることが多いのです。

このような組織では、部位をより良い部品に交換しようとしても、神経回路が破断しているので組織全体として十分に機能させることはできません。家電の電気回路が壊れているならば、電池を交換しても、モーターを強力にしても、やはり動かないのと同じです。言い換えれば、どれだけ優秀な人材も部門も、組織コミュニケーションが「ボトルネック」になって、その能力を限定されてしまう。部品交換よりも急いでやらねばならないのは、何が神経伝達回路を破断させているのかという原因特定と、社内コミュニケーションを活性化させる組織改革です。

3. コミュニケーション不全に陥る「3つの呪い」

神経回路が破壊された組織、すなわちコミュニケーション不全の会社では、一体何が起こっているのか？

コミュニケーション不全の組織に共通して見られる典型的な現象は、「上下関係の縛り」が激しいことです。先述したように「上下関係」は、美しい「共依存関係」で繋がる人体組織の理想とは真逆の考え方です。上下関係による縛りは、支配する側と支配される側の力関係を不必要に意識させて人間心理を追い込み、コミュニケーションを著しく阻害します。つまり組織における「活発な議論」を難しくするのです。

このような組織は、入社してきた個人に対し、「上下」や「優劣」で世界を見る感覚を刷り込み、各個人が持っている貴重な情報やアイデアを組織として活用することを困難にします。それだけでなく、上下関係縛りの浸透は、各部門や各個人間の〝内ゲバ〟も誘発します。組織の神経回路を繋ぎ直して活性化するには、その一つ一つの細胞同士のコミュニケーションを邪魔する障害を、まずは発見して認識することが大切です。

ここからは、日本社会に色濃く蔓延する、典型的な上下関係の呪いの3パターンについて考察します。

1 「年齢差」による呪い

1つ目の「上下関係の縛り」は「年齢差による呪い」です。わかりやすく言えば、年功序列の考え方です。常に先輩＞後輩の発想に囚われて、より年齢が上の人間の方が偉いという刷り込みを、世代を超えて連鎖させていきます。その結果、先輩に対して反対意見が言いにくい、先輩が後輩にデフォルトとしての服従を要求する、後輩の自分が上司になるとやりにくいなど、多種多様なコミュニケーション不全が「年齢差による呪い」によって巻き起こっています。

この年長者を過度に重視する考え方は、儒教の「長幼の序」として、江戸時代を中心に日本文化に深く蓄積されていきました。戦国時代の下克上とは真逆です。士農工商のような身分制度ともセットになる考え方で、**上下関係を固定させることで社会秩序を安定**させようとした社会的な意味が江戸時代にはあったのでしょう。兄＞弟、祖父＞父、先輩＞後輩であり、この考え方は現代日本にも色濃く残っています。例えば、部活動、特に体育会系の文化ではこの先輩後輩の序列関係は社会人になっても尾を引くようですし、何よりもその文化で育った個人は染み付いた考え方が別組織に入っても行動様式に色濃く表れるようです。

これがもし変化の少ない江戸時代のような封建時代ならば、「長幼の序」の考え方は社会構造に適していたとも言えるでしょう。例えば、職人の世界の「師匠と弟子の関係」を思い浮かべて下さい。先人が培ったノウハウをほぼそのまま次世代に伝承する目的の下では、年齢による序列関係はあながち間違っていないように思うのです。なぜならば、変化の少ない世界では、年齢（経験）の多寡と能力の優劣が、高い確率で相関関係にあるからです。職人歴30年の人間の方が、職人歴5年の人間よりも優れている確率は非常に高いのです。そんな時代と目的においては、経験と技術で劣る年下が対等に意見を主張するよりも、年長者が上下関係で支配する方が、むしろ効率的なスキルの伝承が可能になったと思われます。

しかし時代は大きく変わり、現代はそんな文脈ではありません。激動の現代を生き残ろうとするビジネス組織においては、「上の世代の知恵をそのまま引き継げば万事うまくいく」という世界ではありません。むしろ、同じことを繰り返していくと滅びます。変化こそが必要なのです。先人のやり方をより良く変えていく、変わり続ける消費者プレファレンスをより良く捕まえる、つまり**先人を超えることこそが次世代の使命**です。

もはや日本の人口は減少に転じ、内需はダウントレンドに入っています。右肩上がりで経済が成長していた昭和のビジネスモデルからは想像もできない過酷なシェアの戦いが、あらゆる業界で火花を散らし、もっと激しくなる。そのための新しいビジネスモデル、内需への依存から脱却するために今までとは違ったマーケットへ出ていかねばならないでしょう。技術革新もますます加速化し、人工知能やSNSなど新しいテクノロジーがもたらす変化にも乗っていかねばならないのです。そんな激変の現代にあって、「先輩の意見は素直に聞かなければならない」なんて空気の組織は、確実に取り残されます。

もちろん保守である私は日本社会の繁栄にこれまで貢献してきた上の世代を敬います。しかし、豊かな経験に根差した知恵にも価値がありますが、既成概念から離れた自由で新鮮な考え方にも、〝少なくとも同等の価値〟はあるはずです。なぜならば、多くの業界において若い社員の方が、消費者や新時代に近い感性を持っているからです。例えば、50代や60代の人が会社のトップや幹部をやっていることが多いですが、今どきSNSの使い方もよくわからない世代が、SNSネイティブ世代の社員のようにターゲット消費者の心理を理解するのは厳しいはずです。

私は先輩や年長者を蔑ろにしろと言っているのではありません。今の時代に求められているのは、豊かな経験だけではないので、双方に同等の価値があると考えるべきで、若い世代、年長世代の双方が、それぞれの意見を傾聴することが必要。そうやって死角を無くすように闊達に議論してから、決めるべき立場の人間が決断すれば良いのです。

ところが、多くの企業では、新入社員として入った瞬間から「先輩の言うことは聞くべき」という刷り込みが始まります。先輩は先輩で、自分もそうやって先輩を敬うことを強いられてきたので、前提として後輩は自分を敬うものだと、そう思い込んでいます。そのせいで、些細なことで後輩の行動に対して不必要に腹が立ったりします。後輩が挨拶しなかったとか、言い方に敬意が足らないとか、腹を立てる先輩や自分自身に覚えはありませんか？

呪われているのは「下」だけではないということです。「上」も同時に呪われている！

本来、腹を立てる必要はないはずなのに「腹を立てる」理由、つまり先輩にとっても不必要なストレスを自らつくり出してしまっているのです。上下関係の害悪は、自分より「下」と思っている人が対等のことをしただけで不必要に腹が立つことです。それは、「自分が上である」という前提に立つせいで起こる自家中毒。最初から対等だと考えていれば、何のストレスもプレッシャーもありません。

大人になって、社会人として会社組織にいても、このパラダイムが色濃く残り、後輩に対等に振る舞われることに抵抗がある人は少なくありません。「俺が上だ！」とマウンティングされた人は、上に対して意見を言わなくなり、そもそも考えることをやめてしまいます。そして同じように後輩をグリグリやるようになります。そうやって上から下まで世代を超えて、対等に議論できない「年齢差による呪い」が伝染し、組織の発想と発信を縛っていく…。神経伝達回路を根深く侵食していくのです。

これを断ち切るにはどうしたら良いか？　全員が年齢や経験に関係なく、相手を尊重した態度と言葉で話すようにする啓蒙などは大切です。しかし、**年功序列の人事体系をぶち壊すことが効き目としては一番**です。実力を示して実績を出した人間を〝若さ〟に関係なく、重責に抜擢するのです。年齢に関係なく、むしろ実力がだいたい同等ならば、その後の会社で貢献する年数や伸びしろを考慮すれば、若い人こそ優先して昇進させるべきです。また、給料の割に働いていない人間を、給料並みに働かせるか、働き並みに給料を削ることも忘れてはいけません。年功序列の反対側にある公平な「Pay For Performance」へ変革すべきです。

そうすることは、既得権で人生を逃げ切りたい年長者にとっては地獄でしょうか？　私はそうは思わないのです。中高年のサラリーマンを襲う〝リストラ〟の正体は、その企業組織が長年にわたって「Pay For Performance」の原則による調整を怠ってきた悲劇です。そもそも、働きに応じて報酬をもらう組織であれば、何歳になろうが、多少能力が衰えようが、会社の中に居場所が無くなることはありません。全ては「年功」という不明な根拠で、働き以上に報酬をもらいすぎるせいで発生する重大な雇用リスクです。突然職を失うリスクよりも、毎年、報酬を働きに応じて調整することで長く働ける仕組みの方が良くないでしょうか？　その方が年長者にとっても、若者にとっても、公平なのではないでしょうか？

2 「役割差」による呪い

社長と平社員はどちらが偉いでしょうか？　おそらく、日本中のほとんどの会社で「社長は平社員よりもめちゃくちゃ偉い」と思われているのではないでしょうか。しかし私は、**社長と平社員は役割が違うだけで対等な存在**だと考えるようにしています。「年齢差による呪い」と同様で、どちらの方が偉いとか、偉くないとか、役割の違いを優劣や上下で捉えると、お互いに対等にコミュニケーションができなくなる呪いに支配されてしまうからです。

人体で言えば、社長は中枢神経の中で役割を担っている一細胞です。平社員は現場で役割を担っている一細胞です。脳と腸がお互いにお互いを支え合う欠かせない共依存関係で対等に繋がっているのと同様に、中枢神経の一細胞である社長は、現場の一細胞の平社員の持つ役割に支えられて判断し、現場の一細胞である平社員はその社長の判断に支えられて自分の仕事ができるのです。お互いが共依存関係で対等なのであって、役割が違うだけです。この感覚がなければ、どうしても役割の差が上下の差になって、神経伝達回路を破壊するコミュニケーションの呪いにかかってしまいます。

こういう話をすると「対等ならばどうして給料が違うのだ？　同じなら給料を同じにしてみろ」と言う人がいます。しかし、その2つは、別次元の話です。それぞれのパーツである器官や細胞を入れ替える時、外部（つまり市場）での値段が違いますから、役割によって報酬が違うのは仕方ありません。それぞれの職能の値段は会社の内部ではなく、ジョブ・マーケットにおける市場価値の相対で決まるからです。そもそも、収入の多寡と、人間の価値を重ねて考えるのは、〝基本的人権〟への挑戦です。仮に、年収1億円の人と年収200万円の人がいたとして、その2人は対等に議論できますし、すべきです。

世の中には、課長とか、部長とか、社長とか、役割の〝箔〟が付く呼称で呼んでもらいたい人は多いようです。私がUSJに入社した時にも、他部署からのメールの宛名が「森岡マーケティング部長殿」になっていてビックリしました。会った時も、皆が私のことを「森岡部長」と呼ぶのです。会議でもそれぞれの部門の職級上位者が話すだけで、ゾロゾロ付いて来ている部下たちは偉い人達同士が話す間、完全黙秘でひたすらメモを取っています。役職の階級を意識するクセは染み付いていて、課長は相手部署の課長と話す、相手の部長が出てくるならこちらも部長を出すといった作法に皆が気を遣っていることに驚いたものです。このような会社では、日常の何気ない業務の中で、1日に何回「上下関係の呪い」を刷り込んでいるのでしょうか？

役割を上下関係だと認識し、その有害な呪いをより強くすることに時間や精神力を浪費する〝無間地獄〟を「ぶち壊したい！」と、私は心からそう思いました。まず、肩書敬称を完全にやめさせました。自分の組織には強制し、他部署には強くお願いしました。私は昔も今も、新入社員を「〇〇さん」とすべて〝さん〟付けで呼びますし、私のことも同様に「森岡さん」と呼んでもらいます。役割の違いがあるだけで、その存在はお互いにプロ同士、対等の関係ですから当たり前です。

また、USJにはアルバイトで勤務してくれているパークのクルー達が、私の入社当時から何千人も、最後の方は1万人も頑張ってくれていました。私は、時給で働いている彼ら彼女らと、プロ野球選手のような契約で働いている私自身は、プロとして対等だと本気でそう考えていました。もちろんアルバイトのクルーの皆さんにも、私を「森岡さん」で呼んでもらうことを徹底していました。

また、この重要な現場に立つ何千人もの仲間達から現場情報をダイレクトに教えてもらうために、入社2年目くらいから社内SNSの「Youpi（ユッピー）」というシステムで繋がることにしたのです。ほとんど毎日、私自身の日記としてパークの戦略や課題や日常を率直に書いて発信しました。また、彼ら彼女らからダイレクトにメールをたくさんもらい、一つ残らず返信して対応しました。ものすごく時間がかかることでしたが、5年以上も最後まで完遂できたのは、彼ら彼女らと自分はプロとして対等だと心底思っていたからです。対等と思えばこそ意見や情報を傾聴でき、やり取りも楽しく感じることができるのです。

私は中枢神経の一細胞の役割を担い、「ブランドをどう創るか？」ということを考えていました。彼ら彼女らはそれぞれの現場の役割を担っている一細胞です。暑い日も寒い日も、混雑している日も、理不尽な客が目の前に立っても、一人でも多くの笑顔を作るために頑張ってくれていたのが彼ら彼女らです。つまり、私が考えたブランドを実際に作ってくれていたのは、彼ら彼女らなのです。その現場と中枢の役割の違いに、上下の差など最初からあるわけがない。USJのV字回復を実現した戦術上の決定的勝利はあのクルー達の力によってもたらされました。戦友である何千人もの彼ら彼女らの働きを、私は誇りに思っています。

上司と部下にも上下関係は無い方が良いです。絶望的に感じるのは、この〝上司〟や〝部下〟という漢字の中に既に「上」と「下」という概念が入り込んでいる点ですが（笑）。それでも私はあえて上下ではなく、上司が持つ役割と、部下が持つ役割があるだけと考えています。上司の持つ特有な役割は、職務権限上の意志決定です。つまり、上司は「決める役割」を担っているのです。

上司と部下で闊達に議論した結果、部下の意見も理解した上で、正しいと思うことを上司は好きに決めれば良いのです。そういう役割なのですから。**決して上だから下を従わせるのではない**。あくまでも「決める役割」なのであって、上司が部下よりも「上」だという意識は要りません。そんな意識は無くても、部下を統率することはできます。むしろ、上下や優劣に囚われない方が、部下の力を引き出して生き生きと働かせることができます。上司の究極の役割とは、部下に良い仕事をさせることなのですから。

しかしながら、保守的な組織に多いようですが、この時代、今だに部下が上司にお中元やお歳暮を贈るなんて話をよく聞きます。実はＵＳＪに着任した最初の年末にお歳暮が自宅にたくさん届けられてビックリしたことがありましたが、気持ちだけいただくことにして全て送り返しました。このようなことは一つ一つ妥協なく徹底しないと人々の行動は変わりません。百貨店のビジネス関係者には申し訳ないですが、そもそも論としてお中元やお歳暮は、職場の内々では虚礼そのものではないでしょうか？

対等だ、お世話になっているのはお互い様だと思っていたら、モノなど贈る発想が出てくるわけがありません。給料の高い人が「ありがとう、あなたのおかげでたくさん給料をもらえました！」と、給料の低い部下達に何かを贈るのであれば、まだ私にも理解できるのです。しかし現実は、給料の安い部下が、高い上司にモノを贈って「お世話になりました」なんて、ちょっと理不尽がすぎませんかね？　大切な部下達の貴重なお金や手配する時間を、少しでも家族や自分のために使わせてやりたいとどうして思わないのか!?　まさか、もらって本当に嬉しいのでしょうか？　自分もずっとそうしている習慣なので、何とも思わないというのが真実なのでは？　何とも思わないならばやはり虚礼そのものです。

また、今度はお菓子メーカーの皆様に申し訳ないですが、バレンタインデーの「上司や同僚への義理チョコ」も取り締まりました。この〝義理チョコ〟も実に有害な虚礼だと感じます。もちろん私も、あの日にチョコレートを持って帰れなくなると、確かに夫として父親として見栄えが悪いというか、しょんぼりしますので、多少の効用があることはわかっています（笑）。しかし、職場で仕事のために気を遣ったり時間を使うのは当然ですが、仕事以外の負担は無くしてあげたいと思うのです。

これを一掃するために、本部長通達として「虚礼廃止の一環として〝義理チョコ〟もやめましょう。しかし〝本命〟についてはもちろん両目を瞑ります！」とメッセージを出しました。そして、なぜ虚礼を廃止しなければならないのか、お中元やお歳暮の廃止と同様にその目的を説いたのです。最後の一文は「それでも私に義理チョコを持ってきた人がいたら、本命と見なします！」と締めくくりましたが、一つも届くことはありませんでした（笑）。

さらに、〝飲みニュケーション〟にも気を付けなければなりません。これも想像力の問題です。部下を理解するために酒を酌み交わすという人は、酒なんて飲まなくても部下は理解できると知るべきです。**そもそも仕事は昼間にするもの**です。部下を飲みに誘った場合、誘われた側が「断りやすい」場合はむしろ稀でしょう。もちろん、上司に誘ってもらうのが好きな部下もいるでしょうが、特定の誰かとだけ頻繁に行っていたら、それができない他の部下達がどう感じるか？　これを想像しましょう。

誰かの上司であるならば、部下への評価に周囲から疑義が発生しないように配慮すべきです。飲みが好きな特定の部下とだけ行くというのも、やはりオプションではありません。早く仕事を切り上げて保育所で子供を拾わなくてはいけない部下や、夜の時間に家庭や自分のやりたいことを優先したい部下もいるのです。だから〝皆が働ける昼間〟に仕事はするものなのです。

また、上司や先輩に飲みに誘われても、部下や後輩が聞くことになるのは「自慢話」か「説教」とだいたい相場が決まっています（笑）。そして酒が回ってきて論点は訳がわからなくなり、非生産的な時間を過ごすこともよくあることです。部下がその空間が本当に好きならば、その部下にとっては悪くはないでしょう。しかし本当は気を遣っているだけかもしれない。上司の立場からそれを見分けるのは困難です。そもそも、部下からしてみれば人事権を持っている上司はただでさえ怖くて厄介な存在です。職場での時間が終わったらできるだけ早く自由にしてやるべきだと私は考えています。

ちなみに私は、歓送迎会のようなチームイベントはできるだけ参加しますが、上司から飲みに誘われても「家庭の時間を優先したいので行きません」と明確に答えてきました。私には4人の子供がおり、巣立つまでの限られた時間を家族でできるだけ過ごすことを大事にしています。また、自分自身に趣味も多く、自宅でのさまざまな自分自身への投資の時間も必要です。人と酒を飲んでグダグダ浪費する時間は一秒でももったいない。USJであれだけ何年も知恵を出し合って一緒に戦ってきたCEOのグレン・ガンペルとも、プライベートで食事に行ったことは一度もありません。もちろん、私が部下を夕食に誘うこともありません。

私は合理主義者です。虚礼を潰す、仕事とプライベートの一線を明確に引く、そういう私は「壊れた日本人」と評されることもあります。しかし、個々人が自由闊達に議論できる環境を作るためには、上下関係を意識させる有害な風習は排除します。放っておくと、ちょっとしたところからも上下や優劣が刷り込まれ、「役割の差による呪い」は組織に蔓延するからです。風通しの良い組織は、意識的な努力なしにはつくれないし、維持もできないのです。

3 「性別差」による呪い

最後に「性別差による呪い」について。これは男性と女性の間にある上下関係です。この平成も終わろうというご時世にあっても、今だに「女性社員を男性社員の召し使い」であるような刷り込みを続けている会社が驚くほど多くあります。この問題の根が深いのは、誰かに特定の悪意があるようには見えないことです。自覚がない。そのように振る舞っている男性社員はもちろん、女性社員も習慣化されて、疑問に思わなくなっているケースが多い。その組織に属する時間が長いほど、慣れっこになっているのです。

男性と同じように役割を期待されて入っているはずの女性社員が、男性社員にお茶をいれたり、テーブルを拭いたり、ゴミを仕分けして出したり、上司に頼まれるコピーなど、いわゆる〝雑用〟に分類されるタスクが〝女性の仕事〟として義務付けられています（プライドを持ってそれらの仕事をされている方々が多くいらっしゃるのに〝雑用〟という単語を使うべきか悩みましたが、それらの職場で男性諸兄がよく使っている言葉なのでリアリティのためにあえて使用します）。性差別を職場から追放しようというジェンダー闘争が始まってずいぶん経ったはずですが、このような会社はビックリするくらい多く見られます。

私は、自分の秘書にお茶をいれさせたことはありません。昔も今も、職場ではお茶は飲みたい時に自分で用意して、器も自分で洗います。私の秘書がお茶をいれる時があるとすれば、来客がある時くらいです。なぜ自分でやるのかというと、彼女に「私の召し使い」のようなことをさせると、彼女が私を「上」だと日々刷り込んで、私にはっきり意見を言えなくなると困るからです。

秘書である彼女は、私という一細胞の複雑なスケジュールと業務フローを最適化させて会社のために〝私のパフォーマンスを最大化させる役割〟を持つ対等なプロです。そのような相手に「お茶をいれてもらう」時間があるならば、他に頼みたいことも山ほどあります。まあ、多くの人が勘違いしていますが、自分が快適に過ごすことを目的に秘書がいるのではないのです。もしそうならば、私設秘書として自分個人が秘書の給料を払うべきです。

こういう指摘をすると、「お茶くらいでそんなややこしいことを」と言う人が必ずいるのですが、そういう人には「『お茶くらい』なら、自分でいれましょう」と言いたいわけです（笑）。というのも、これはお茶の話であって、お茶の問題ではないからです。一事が万事、氷山の一角、これも組織の神経回路不全を招く「上下の呪い」に繋がっているからです。それぞれの役割において対等なプロであるという認識を維持することが、相手が自分に何でも率直に伝えやすくしておくために重要なのです。

自分にお茶をいれると喜んで気に入られる、自分にお茶をいれないと嫌われる、そのような刷り込みを組織に対して毎日やっている自覚を持つべきです。そんなことをしたら皆が自分に気を遣って忖度し始めて「私に気に入られる」ことを目的に働き始めます。結果、そこにいるのは王様と召し使い達です。上下関係の呪いを強めると本当のことが言えなくなり、そういう王様はひどく「裸」と昔から相場が決まっています。

ちなみに、私はフェミニストではありません。男らしさや、女らしさはあって良いと思っていますし、現実にも統計学上の一般論ですが「違いの存在」を自分自身で数多く客観的に確認してきました。一般論としては、男性が向いている仕事、女性が向いている仕事があるのは間違いありません。しかしながら、その一般論を個人に当てはめるのは無理がありすぎます。例えば男性の方がある領域に優れる傾向があると言っても、〝その男性〟よりもその領域で優れている女性は山ほどいるわけです。逆もしかりです。

したがって、**ビジネス組織の文脈で性別による一般論を「個人レベル」に持ち込むことは不毛の極み。**ビジネス組織は、男性であれ、女性であれ、中性であれ、何人であれ、肌の色が何であれ、国籍がどうであれ、組織の目的を達成するために個々の力を引き出さねばなりません。なので、個々人の適性に応じた役割を与えねばならない。それを「男」か「女」かという、ざっくりしすぎた二分論で当てはめられる役割を見つけるのがむしろ困難という話です。

最大の問題は、「性別差による呪い」が上下や優劣の支配関係を生じさせて神経回路を破断すること。その召し使い行動をさせられる側（女性）と、させる側（男性）の間に、長年にわたって上下関係が刷り込まれていきます。新入社員として入ったその日から、女性がお茶をいれる、女性が男性や上司のコートを掛ける、女性が打ち上げの際にはサラダを分けて配る、女性が管理職の皆さんの机の上を拭いてから帰る…。

そのような毎日を繰り返した女性が、5年経って、10年経って、並み居る男性たちに向かって自分の意見を堂々と主張できるプロに育つでしょうか？　逆に男性達は女性の意見を傾聴できるプロに育つでしょうか？　私はそう思わないのです。

〝男のプライド〟は、厄介な地雷原です。しかし男性自身は無自覚なことが多い。先ほどの年齢差や役割差の呪いと同じで、自分の方が上だと思っている（思いたい）ので、下からの意見は求めていないものとして傾聴できない構造にあります。正論を言う女性を「こざかしい」と思うのも、自分を上だと思っているから生じる自家中毒です。地雷を踏まないように意見を言うのは非常に困難。気を付けて話さなければ、聴いてもらえない、あるいは反感を買って攻撃される。したがって、よほど安全な環境でない限り、本当に思っていることを言わなくなるのです。やっと発言しても、「このアイデアは女性ばかりで考えたので的外れかもしれませんが…」や「皆さんのような経験がないのでおかしなことを言うかもしれませんが…」のような意味不明の枕詞を付けて話し出す…。

トレーニングや講演などで私がよく感じることですが、女性がターゲット消費者のプレファレンスを感性で捉えた鋭い「気付き」や「アイデア」を持っていることは多いです。その人の持っている力を、「女性」という括りのせいで会社業績に十分に活かすことができていないのであれば、組織としては非常にもったいないことをしています。冷静に考えると、せっかく雇った〝その人〟が、自由に本当のことが言えない会社って一体何なのでしょう？

逆に「会社の命運は私が一発考えつくかどうかに懸かっている！」と、〝その女性〟に本気で思わせることができれば、どれだけ大きな働きをしてくれるでしょうか。

他にも、明確な目的も無く習慣的に女性に制服を着せている会社がたくさんあります。テーマパークでゲストを視覚的に楽しませるためならいざ知らず、今どきどうしてオフィス勤めの女性社員に〝制服〟を着せる必要があるのでしょうか？ 女性というラベルを視覚的に貼ることで、「女性と男性」あるいは「女性とその他」という性差による何らかの仕分けを毎日刷り込んでいることに気付いた方が良いです。制服によるラベリングがそれだけに留まらず、召し使い行動に紐付いていることも案外多いので注意して考えてみて下さい。

慣れてしまっているので、自分の組織の異常を内部にいながら気が付くのは実は難しいことです。なので、最後にその自己診断の手掛かりを申し上げておきます。自らと自分の周辺に当てはめて「本音で議論ができるか？」をよく考えて下さい。どれだけ優れたノウハウを入れようとしても、肝心の神経伝達回路が遮断されていたら、会社組織はまるで動かないのです。

❶ 先輩に対して、上司に対して、女性に対して（女性なら男性に対して）、**自分自身が必要な時にちゃんと本当のことが言えるかどうか？** 言えないならば、その組織は個人の

持つ力を集団として活かすための神経回路が何らかの故障をしているということです。

❷

自分の周囲が自分に本当のことを言えるかどうかをよく考えましょう。この点は主観に基づいて自分を甘く見てはいけません。この数カ月間を振り返って、**自分にとって〝耳の痛い話〟を何度か聴かせてもらった記憶がありますか？** ないならば、あなた自身も何らかの理由で情報伝達の阻害要因になっている可能性を謙虚に考えてみるべきです。

第4章

人間の本質とは、「自己保存」である。

1. 人はなぜ緊張するのか？

今まで述べてきたさまざまな組織課題や人間の行動パターン、不都合なことも、好ましいことも、我々の目に見えるものはすべて〝現象〟にすぎません。現象に対して行動を取っても、地面に映った影を叩いているようなもので、物事が解決することはありません。組織の話に限らずですが、我々は目に見える〝現象〟に惑わされず、幾層にも重なった現象の奥底にある〝本質〟を診なければならないのです。この章では、「3つの呪い」のようなコミュニケーション不全に繋がるさまざまな現象を発生させる「人間の本質」と、それを逆手に取る「組織づくりの本質」について私の考えを述べたいと思います。

私は下手ではありますが、趣味でヴァイオリンを弾きます。ヴァイオリンに限らずですが、私は自分自身を固めてしまわないように毎年何か1つ新しいことに挑戦することにしています。ヴァイオリンは10年ほど前に、家族での米国生活を終えて帰国してから長女と一緒に始めました。もともとクラシック音楽や弦楽器の音色が好きだったこともありますが、始めた動機は突き詰めて練習しない子供に「一生懸命練習するとはどういうことか」を教えるためでした。凝り性の私が背中でそれを見せるべきと思ったのです。ところが始めると、あまりに難しいので面白く、娘そっちのけでハマってしまいました。週1回のレッスンと、日々の隙間時間での積み重ねを大事にしながら、ずっと続いています。

そんな私のヴァイオリン生活なのですが、お恥ずかしい話、私は本番にとっても弱いのです。人前で演奏するいわゆる「本番」では、いつも緊張してひどいことになります。その緊張の症状は〝プルプル病〟と自分で名付けました。頭は冷静、気持ちも落ち着いている。しかし、なぜか弓を持つ右腕がずっとプルプルと震えてしまうのです。これはヴァイオリン奏者にとっては致命的。右腕の繊細な動きがダイレクトに弓を通して音色になる仕組みなので、右腕の制御が利かないと音色が震えたり擦れたり本当に演奏になりません。本番で練習の成果を出せずに毎回プルプル病で爆死するのです！　子供達には、「お父さんって本番に弱いよね」といつも笑われています。

ちなみに、私は人前で話す時には緊張した記憶はありません。何千人もの聴衆の前で話す時も、TV出演などでも、誰と会っても、緊張することは全くないのです。しかし、なぜかヴァイオリンの本番だけは確実に緊張でプルプル病が始まってしまう…。こんなことになるのは本当にヴァイオリンだけです。本当に笑ってしまうくらい右腕だけが小刻みにずっと震えるのです。一体なぜなのか？　その謎をきっかけにして、私は心理学や脳科学の世界にも興味を持ちその方面の書籍を中心に〝緊張の正体〟について調べました。そうすると、非常に興味深い話を見つけました。この領域は私の専門ではないので詳細は割愛し、要点を紹介しようと思います。

なんと**人間の脳は、動物の本能として「変化を拒むようにできている」**というのです。

人間の脳には「とりあえず生きているならば、それを変化させることで死んでしまうかもしれないリスク」を避けようとする機能がある。例えば、大昔の狩猟生活で、今の森で獲物を捕って辛うじて生きているならば、「もっとたくさんの食料が手に入るかもしれない」と思って移動することを脳が拒むというのです。なぜならば「変化」の結果、別の森では十分な食料が手に入らなくて死んでしまうかもしれないからです。生きているならば現状維持して最悪を避けようとする。これは人間に限らず、動物が生存確率を高めるために本能として備えている現状維持機能です。

複雑に発達した現代社会を生きる人間にも、本能ですから同じことが起こります。例えば、大きな企画のプレゼンをする際に緊張するのは、企画が通った場合に出会う人や環境が変化し、新しいチャレンジを超える際につきものの困難やストレスにたくさん晒される〝大きな変化〟が起こります。こうした「環境が変化するかもしれないリスク」を察知した脳は、これを「生存確率が下がるリスク」と判断し、状況や環境が変化しないようにブレーキをかけようとする。つまり、成功したら変化が起こるので、脳は失敗させようとして、身体を通常どおりに動かないようにしてしまいます。

つまり**緊張の正体は、脳が身体にかけるブレーキであり、「変化を拒む本能」**だというのです。

この理論を当てはめると、講演でもメディア出演でも全く緊張しない私が、なぜヴァイオリンの本番では緊張するのか？　何となくわかる気がするのです。講演をまた一つ成功させても私の生活は現在の延長線上で変化しませんが、ヴァイオリンで成功してしまうと変化は大きいのです。私は極端な凝り性です。情熱のスイッチが入ると徹底的に寝食を忘れてのめり込む〝過集中体質〟です。10時間でも20時間でも時計を忘れて一つの同じことを連続でやり続けてしまいます。もしヴァイオリンで気持ち良く成功体験なんて重ねてしまうと、きっと家に防音室を作り込んで、今でさえ3〜4時間しか取らない睡眠時間をさらに削って、新たな技巧の習得のために毎晩ゴリゴリ練習時間を増やすことでしょう(笑)。ビジネスマンとしての本業や健康に支障をきたさないように、ヴァイオリン熱をほどほどに留めようと、変化を嫌う脳がブレーキをかけていると考えれば辻褄が合うのです。

2.行動パターンの原点は「個人＞組織」

拙著『確率思考の戦略論』の中で明らかにしたように、市場全体を読み解く際に見えてくるあらゆるマクロ現象は、突き詰めると一人一人の〝消費者の本質〟に起因していることがわかります。その本質をＤＮＡにして構造が発生し、それらの構造からあらゆる現象が生まれてくる。「本質➡構造➡現象」という派生関係は多くの領域で真実であり、私にとって汎用性高く問題解決を助けてくれるフレームワークの一つです。今回も組織について考えるにあたり、組織を構成している一人一人の人間の「本質」を見極めることを思索してきました。

では、組織を構成する最小単位である「人間の本質」とは何か？　今までの実戦と考察を踏まえた私の見解を申し述べますと、**人間の本質は「自己保存」**だと考えています。自己保存とは、自分の生存確率を最優先することです。

先ほど、ヴァイオリンの例で変化を拒む〝現状維持の本能〟について紹介しましたが、その現状維持機能の目的も「自己保存」です。人間は自然状態では自己保存の目的に適った行動を取るように生まれついているのです。意識的な行動も無意識的な行動も両方あると思いますが、自分が一番大事なように生まれついている。

頑張って勉強することが将来より良い生活をするための自己保存。人に親切にするのも自分の存在価値を確認したい自己保存。他にも、子を生して苦労して育てて時には命を賭けて守るのも、後世に自分の遺伝子を残す自己保存。私がこうやって本を書いているのも、自分の生きた証しである思索を誰かに伝えて遺したい自己保存の顕れとも言えます。

そんな人間が組織をつくって所属するのも、本質的な目的は自己保存です。ハイエナやシマウマもそうするように、人間も〝群れ〟でいた方が生存確率が高くなるから組織に属しようとします。大きくは「社会」や「会社」、小さくは「家庭」や「友人関係」でしょうか。本当は組織そのものの存続のためではなく、自己保存の目的のために組織をつくったり属したりしているのです。組織について明瞭に意識しておくべきことは、組織存続を最上位の目的に掲げているその組織を構成している最小単位は、本当は個々の自己保存を最上位の目的に掲げていることです。つまり**組織と個人は利害相反の関係性にある**ことになります。

自然状態で利害相反である以上、その利害のベクトルをできる限り同じ方向へそろえる人工的な工夫が必要です。その点を意識せずに放っておくから組織は大変なことになります。「個」の自己保存にとって「群れ」は手段です。「群れ」の成功が「個」の自己保存にとって顕著なメリットがあるのであれば、個は群れを成功させようとします。「群れ」が消滅すると「個」の自己保存が危険に晒される場合にも一生懸命何とかしようとします。どちらにおいても「群れ」のために「個」は働いてくれそうですが、原点は「自己保存」であることを忘れてはなりません。組織にとっては正しいが、個人にとってはリスクが高い。このような場合は、個人はその選択肢を取りたがらないのが普通です。一般的に人間の行動パターンの原点は「個人＞組織」であるという理解は大切です。

全ての個人がそれぞれ取れるリスクの範囲において、「自己保存」と「組織の利益」の間でバランスを取っているのだと私は考えています。そのバランスのポイントが個々人によって違いますし、同じ人でも環境によって大きく変わっていくのではないでしょうか。少しのリスクでも怖がってしまう「痛がり」の人が多いようにも思うのですが、人間とは不思議なものです。中には、得になるとも思えない苦労を組織のために背負い込んだり、明らかに厳しくて大変で損な役回りを自ら志願したりする人もいます。共同体のために自ら命を捧げる人もいます。自己保存の表出にもさまざまな様態があるのかもしれません。

さて、人間はリスクを避ける生き物であり、大きな変化を拒む現状維持機能を備え、自己保存を本質としていることを述べてきました。それを頭に置くと、先述した社内での神経伝達回路が破断された組織で何が起こっているか、非常によく見えてくるようになります。「3つの呪い」に代表されるような上下関係でガチガチに縛られた組織にいる個人は、どうして意見を言わないのでしょうか？

このような会社では、**情報伝達の際に個人が負わされるリスクやコストが大きすぎる**のです。自分が率先してあれこれ考えて立ち上がって旗を振ることが、間違いなく自己保存に真逆に働くこのような組織では、生存確率を高めるためにひたすら大人しく無難に過ごそうとするに違いありません。上司に話そうにも、聴いてくれるとも、何か変わるとも思わないのに、コミュニケーションをこちらから取る理由がありません。自己保存のためには、怒られないように言われたことだけやろうとする、自分に都合の悪い情報は隠そうとするのではないでしょうか。

そういう会社で、自分の会社はどうして正しい情報がもっと早く集まってこないのか？と下方向に憤ってみたところで、憤る相手が間違っています。その会社で正しい情報が正しく集まったら、不自然ですし、むしろミステリーです！　その会社は情報が伝わらないように仕組みが作られているのですから、伝わらなくて当たり前なのです。

コミュニケーション不全に陥っている組織問題の核心は、コミュニケーションすると個人が損をするようになっていること。つまり**個人の自己保存に反した構造になっている**ことです。人間の本質は変わりません。我々にできることは、人間の本質に逆らうのではなく、逆にその性質を目的に応じて利用する仕組みに組織を変えることだけなのです。

3.社員を「羊」に変えてしまう組織とは?

私が望ましいと考えているのは、それぞれの専門性に対して職責とセットで権限を持たせる「人体のような組織」です。そのような組織では、テーマに応じて誰が何を決めることができるのか役割が明確で、程度の大小はあれ各部門や下から上までの個人が、何らかの自分の意志決定権を持つことになります。

その対極にあるのが、自分以外に誰にも意志決定させない「独裁者型組織」や、もっと都合が悪いものとしては誰がどこで何を決めているのかが不透明な「決められない組織」です。この両方に共通しているのは、トップと現場の間を繋ぐミドルの決定権がほとんど機能していないこと。そのような組織が意図せずに抱える重篤な弊害「羊病(ひつじびょう)(私が勝手に命名しました)」について解説しておきます。

日本の会社に限らず、会社の規模が大きくなるにつれて〝自己保存〟にドライブされた「羊化現象」は加速度的に進みます。これも集団行動のパラダイムでしょうが、トップと現場の間にいるミドルマネジメント(のはずの人々)が何も決めない「羊」になっていくのです。本当に驚くべきような小さなことまで自分で決めようとはしなくなります。この実際の事例をご覧下さい。呆れます。皆さんの周辺でも似たようなことは散見されませんか？

（ケース：店舗の開店時刻）

先日ご相談を受けた某アパレル企業がいくつか持っている直営店舗の一つでの話。その店舗の開店時刻は、その会社が展開する他店舗と同じ10時。ところが、問題の店舗だけは9時30分にオープンする大型商業施設の中にあるので、開場早々にせっかく立ち寄ってくれた優良なお客様をお断りするか30分も待たせることになっていた。一人の女性従業員がそのことを問題に思って現場責任者に「施設に合わせて30分早く開けましょう」と再三再四提案するも（メールだけでも2カ月間に5度のやり取りを確認）、この責任者は「自分にはそんな権限は無い」との一点張りで半年以上も放置していた。この女性社員は迷った後に本社の「アイデア目安箱」に提案を伝える。「ずっと誰に相談したら良いかわからず、でも毎朝お客様にがっかりされるのは良くないと思ってメールしました。私からだと上司に知られないようにご配慮下さい」と。会社は事実関係を確認し、即刻開店時刻を早め、現場責任者を更迭した。

この女性従業員は、現場責任者であるはずの上司に言っても改善できないのであれば一体誰に言ったら良いのだろうと、さぞ濃い霧の中にいたことと思います。開店時刻を30分早めるだけ。たったそれしきのことすら現場責任者が決められないのであれば、一体何に責任を負っているのかわからないですが、何度も本人は真顔で部下にそう言ったようです。

客観的な真実としては、開店時刻を変える職務権限はこの現場責任者にありました。彼にとっての反省点は「自身の職務権限の有無の認識」というよりも、むしろ「長期間にわたり提案を放置して何のアクションも取らなかったこと」です。仮に職務権限が無くても、良い提案があった場合は権限を持つ人を巻き込んで実行すれば良いだけです。仕事が増えるのが嫌、面倒なのは嫌、後で怒られるのが嫌の類だったのか？　忙しすぎてキャパ的に対応できなかったのか？　あるいは、少なからずいる「下からの意見など聴くに値しない」というタイプだったのか？　真実はわかりかねますが、部下が良いことを提案してもアクションを取らない上司は世の中にうじゃうじゃいます。

このケースにおける問題点は、この女性従業員が誰に言えば解決するのか長い間わからなかったことです。その長い期間、多くの消費者を落胆させてブランド毀損する状態が毎朝続いていたのに対処できなかった。意志決定者がわからない、あるいは意志決定者のはずの人間が動かない時に誰に言えば良いのかもわからない。このことがどれだけ多くの実害と苦悩を生み出すか、本気で何かを変えようとしたことがあればわかります。

このケースは、役割は決まっていたけれど、正しく周知も運用もされていなかったという問題です。役割や権限すらまともに定まっていない会社が山ほどありますので、この会社はまだマシな方だと思われるでしょうか？　私はそうは思わないのです。実は、役割定義してあったとしても組織に周知されていないのであれば、実質は無いのとあまり変わりません。それは「無人島に立てた看板」と同程度に無価値です。**役割は人々に周知されて初めて意味を持つ**のです。

自分に決定権限があるはずなのに、自分で決定しようとはせず、むしろ上に喜んでお伺いを立てようとするのはなぜか？　それは上の知見を活かしてもっと成功確率を高めるためではなく、上手く行かなかった時の個人リスクを避けたいからです。上司やその上にエゴの強い人がいた場合にはなおさら、「俺は知らなかった、何を勝手にやっているのか！」と後で怒られたくないからです。実は、これはとても自然な自己保存の行動です。水が高いところから低いところに流れるように、放っておいたら人間はそのように行動します。

ある人が上にお伺いを立てると、その上が更にその上にお伺いを立てて、もっと上にと、「責任を取りたくない鎖」が見事に組織の縦方向に出来上がります。そういう組織は人を介する階層が多すぎて意志決定に時間がかかるので、貴重な経営資源の「時間」をその瞬間も浪費しています。時間を浪費しても最後に繋がればまだマシですが、実際は人を介するごとにどんどん捻じ曲がるか薄まって、オリジナルの提案の機微や意図が正しく伝わらず、幻覚や幻聴に変わるか伝わらずに消えてしまいます。自己保存しようとする個人を集めて長大な伝言ゲームを繰り返すのですから、放っておいたら組織体は自然にそうなるのです。

この問題は端的に言えば、人間の本質である自己保存を制御する適切なシステムがその組織に無いことが原因です。制御システムの欠如が、結果として羊や狐を好きなように放牧させているのです。羊は、上司に後で怒られるのは嫌、責任を取りたくないという自己保存をドライブし、自分は決めないくせに下方向にだけ態度が強い狐も「自分に何でも知らせろ」という自己保存をドライブします。自分の知らないことを上から問われることを恐れている狐の正体も、実は羊なのです。自己保存という人間の本能に対して無策な会社は、会社全体のために正しい行動を取らなくても生きていける、むしろそうしない方が生存確率は高いという逆の動機付けがはびこる環境になっています。

ちなみに、こういう会社では大勢集まる会議でも、職位の高い人がワンマンショーを展開して残りは発言や質問など一切せずに情報をもらって帰るだけか、あるいは目的不明の会議で情報共有するだけで意志決定どころか議論すら起こらないというのが相場になっています。なぜならば社員のほとんどが羊であり、全く集団知を活かしていないのに問題意識も無く、昔からそうなのでそういうものだと思っているからです。そういう会社は誰がどこで何を決めているのか、さっぱりわからない。そんな無策なだけの現状を、個人の自主性に委ねているとか、アメーバー組織とか、肯定しようとしてもダメです。

そしてこの問題は、もっと長期にわたってさらに重篤な病になります。それは、どんどん人をダメにしていく病です。自分が起点になって何かが変わることが身近で起こらないので、その組織で働く人間に思考力や提案力が育たないのです。たとえ能力とヤル気のある人であっても、自分視点でしか物事を考えられない視野狭窄に変えていきます。提案力も幼稚園レベルの域を出て育つことはなく、組織を変える力にはならない。やがては有為な人もヤル気すら失って自己保存しか考えなくなります。

それは、リーダーシップのある人間を育てるどころか、リーダーの素養を持った人材を潰していく組織です。つまり「誰が何を決めているかわからない会社」とは、羊が羊をどんどん量産する工場のようなもの。そこでは、獅子すらもいつの間にか羊に変わっていく…。**人間が悪いのではなく「人間の本質」を野放しにしている組織の仕組みが悪い**のです。

4.「自己保存」の本能を逆手に取るアメとムチ

人間の本質は現状維持であり自己保存です。人によって程度の違いはあっても、良い悪いではなくて誰しもがそういう本能を持っている。本能レベルですから、個人に委ねて放っておいたら、それぞれが折り合いのつく居心地の良い場所を探してそこで安住しようとします。しかしながら、そういう人間を束ねる組織は、常に変わりゆく市場に適応できなければ滅びるという厄介な運命からは逃れられません。私の考え方は、その個人と組織の利害を「衝突」から「一致」にどうやって構造的に変換するかという発想で一貫しています。

もちろん、ほとんどの個人が今でも、給料はもちろん、仕事自体のやりがいや、評価されたり認められたりする自己実現欲を満たしながら組織に属しています。もし明日会社が倒産したら誰しもが非常に困るわけですし、既にある程度の利害の一致はあるわけです。だから「もう利害は一致している。森岡は何を言っているのだろう?」と思われる方もいるでしょう。しかしながら、その利害の一致は、現状における利害の一致であって、私が申し上げている「変革時における利害の一致」には対応できません。むしろ、現状で一致している利害の多くを変革によって壊すのですから、現状での一致が強い個々人ほど変革期には抵抗勢力になる必然を背負っています。

私は「組織づくりの本質とは何か」と問われれば、「**自己保存の本能を逆手に取ること**」だと、間髪入れずに答えることにしています。会社が望む行動を人々に取らせる確率を上げたい場合、自己保存の本能に反する形で推し進めてもうまく行きません。反するのではなく、自己保存の本能にむしろ適うように推進できれば結果は良い方向に動きます。

自己保存の本能を満たす方法は主に2つあります。それこそが古典的な人心掌握術の知恵である「アメ」と「ムチ」です。Aをすれば「アメ」をもらえるか、Aをしなければ「ムチ」を漏れなく喰らうと理解した時、人々は自己保存のためにAをやる確率が顕著に高まります。それは「**変わるための必然をつくる**」ということ。

例えば「ほとんど誰も発言しない会議の習慣を変えたい」と思ったとします。この時に「もっと意見を出して下さい」とお願いしたところで、一時的な改善はあっても、すぐに忘れてもともとのダンマリ状態に戻ります。人間の自己保存の本能が、「発言することのリスク」（上手く発言できなかったらアホだと思われる、攻撃されるかもなど）や、「発言することのコスト」（楽に過ごしたい、発言すると宿題が増える、時間が長引くなど）に、自己保存が「沈黙」を選択させているからです。しかも、〝ダンマリ〟で許されてきた経験を積み重ねた人間達は、脳神経と筋肉がそのようにトレーニングされているので、デフォルトである〝ダンマリ〟にすぐに戻る。これを変えるにはエネルギーが必要なのです。

この時「自分が発言をすれば自分の評価が高まる（アメ）」か、「自分が発言しなければ自分の評価が下がる（ムチ）」のどちらかがあれば、人々の行動を変える確率がグンと上がりますし、両方あればもっと高まります。正確に言えば、このアメとムチの存在を信じさせることができれば変わります。議論に貢献しない人の居場所が本当に無くなる会社であれば、自己保存のために期待される方向に変わるしかありません。周囲の期待に適うところまで行動を変えられるかどうかは人によりますが、人々のベクトルをその方向に向けることはできるのです。

人は自己保存のために変化を嫌う生き物ではあるのですが、生存確率を高めるためには好ましくない行動でもあえて行う自己保存の生き物でもあるのです。より大きな変化を嫌うあまりに、小さな変化は受け入れるということです。この特徴を活用する仕組みを作り組織を改革していきます。それが自己保存を逆手に取るということです。

次に「リーダーシップを発揮する人間を増やしたい！」と思った場合を考えてみましょう。まずは、〝リーダーシップ〟という抽象的な概念を「期待される行動」レベルまで噛み砕いて周知します。

ざっくり道筋を言えば、期待されるリーダーシップ行動を取れば評価されるだけでなく、それをやらなかった場合（できなかった場合）は評価が下がり、報酬や昇降格に影響される仕組みを設定して厳格に運用するのです。そうすると、リーダーシップ行動を学んで実行する変化を選択するか、さもなければ会社で評価が下がって降格や転職するような変化を選択するか、2つから道を選ぶことになるのです。多くの人は、自分にとって変化がより小さい方、つまり会社で期待に応える方を選びます。

精神論では組織を変えることはできません。「アメ」と「ムチ」の両方を明確にシステム化しなくては変わりません。**組織にとって正しい行動を取ることが、個人としての自己保存を実現するように仕組みを変える**のです。

神経伝達回路が破断したような会社は、これが真逆になってしまっているのです。組織にとって正しい行動を取ると、個人としての自己保存が災難に遭うようになっています。あるいは、会社にとって正しくない行動を取っても自己保存が脅かされないので、部門や個人のアジェンダが野放しにされ自己保存を謳歌させているのです。働かなくても楽ができる組織では、人は働きません。

人間の行動を変化させるには、個々人の自己保存のエネルギーを上手く活用するべきです。そのために**個人と会社の利害を一致させる〝構造的な仕掛け〟が必要**です。

5.パチンコの釘のように確率を操作せよ!

私の頭の中では、この〝構造的な仕掛け〟が機能している様子は、パチンコ台の釘の間をパチンコ玉がジャラジャラと流れていく様子と似ています。パチンコの玉は一つ一つが打ち上げられた時から、重力で落ちていく〝位置エネルギー〟を有しています。それぞれの玉は位置エネルギーを使いながら、自己保存の事情で好きなように落ちていきたいのです。しかしながら、落ちていく道すがら出現するあちこちの〝釘〟に当たって軌道が修正されます。

それぞれの玉がもともと持っていた自己保存のエネルギーと、釘とのぶつかり方(角度や力)によって、その玉がどう動きを変えるかはそれぞれユニークです。そうやって何十、何百、何千という玉がそれぞれの自己保存を抱えながら、釘の間を軌道修正されながら流れていく、そして全体として玉は一定の確率でチューリップに収まっていくのです。そのチューリップこそが企業が望む行動とも言えますし、望ましいコンピテンスを備えた人材のロールモデルとも言えます。チューリップに収まる〝人々の理想行動〟がある一定の質的あるいは量的な臨界を超えた時、会社には大成功の〝フィーバー〟が起こります。

パチンコ台では困るでしょうが、実際の組織ではこのチューリップに入る確率は高いに越したことはありません。フィーバーをもっと増やすために釘を工夫して打つべきなのです。この個々の玉に影響を及ぼす釘の一つ一つが一連の「組織マネジメント・システム（組織構造、意志決定、評価、報酬、育成、採用など）」の機能です。企業の目的達成のためには、一連の組織マネジメント・システムをトータルでデザインすることが重要です。私が起業した「刀」では、この目的に応じて組織を戦略化する取り組みを「戦略人事」と呼んでいます。

組織にまつわる問題について、どこかの一部分だけを診てそこに絆創膏を貼るようなやり方は対処療法ですが、それは傷口だけを診て人間を診ていない医者と同じです。組織はどう変えるにしてもその後の生存確率を決定しますので、一連の機能としての繋がりを診ないといけません。小手術で何とかなる場合もあるので本当に大手術が必要かは慎重に検討するべきです。しかし、小手術で済むだろうと思いたい経営者にも、変化を拒む現状維持機能が常にバイアスをかけていることを忘れてはなりません。そのせいでせっかくの戦略が実現できずに機を逸し、ジリ貧への道を進むことになった前例は山ほどあるのです。構造そのものがボトルネックになっている場合は絆創膏ではやはりダメで、根本的な大改革が必要です。

目的を達成するために戦略を変えたならば、その戦略を実現するための組織が必要になります。目的がなかなか達成できない時にも、組織能力を強化しなければ同じように不本意な結果が続くでしょう。逃げてはいけませんし、状況は悪くなるだけなので、会社としては結局逃げることはできません。

多くの企業が大改革できないもう一つの大きな原因を申し上げましょう。それはサラリーマン社長や幹部の任期が数年程度なので、「その間だけ何とか保てればいい」という自己保存欲求が優先されるからです。会社の未来にとって大変革が不可欠だったとしても、彼ら個人の自己保存にとっては〝逃げ切る〟ことができるからです。そうやって数年ごとの〝自己保存のリレー〟が何十年も続いて、会社は市場構造とのズレを修正できずに、本当におかしくなっていきます。オーナーの決断力が冴えているか、あるいは〝事なかれ〟が許されない改革を使命にしたリーダーがいる企業でなければ、大手術に踏み切ることは難しいのです。

組織の根本的改革は面倒に思う人が多いかと思いますが、実は「刀」が提案しているやり方を実際にやってみると「思ったよりもずっとシンプルだ」と言われます。なぜなら成功のカギは「いかにシンプルに目的を達成できるか？」だと、当事者体験に基づいて確信しているからです。あれこれと複雑なことをやっても、把握しにくい上に結局は実行できません。

その変革の大原則は、パチンコ台の**釘（組織システム：構造的な仕掛け）は、自己保存の本質を制御することを念頭に打つ**こと。釘の本数も多くの会社で最重要な3本程度に最初は集中する。その3本とは、第2章で詳述した「1．**売上向上のために人々が好ましい行動を取る確率を上げる**釘（マーケティング・システム）」、そして次章で解説する組織マネジメント・システムのサブシステムである「2．**組織の重要判断のために人々が好ましい行動を取る確率を上げる**釘（意志決定システム）」「3．**会社が望む方向へ人々を動機付ける確率を上げる**釘（評価報酬システム）」です。

実際のパチンコ台がチューリップに玉が入る確率を操作するように、これら3本を最重要な〝目釘〟として打って、個々人が望ましい行動を一定の確率で取るようにするのです。もちろんどれだけ時間が経ったとしても、全員に理想行動を取らせることは難しいでしょう。しかし要点は、過半数ができるだけ早くチューリップに入るような方法を考えることで、それは実現可能です。そうなればマジョリティーの自己保存に火をつけて、加速度的に変化する割合は進んでいきます。

ちなみに過半数（1／2以上）というのは〝社会的マジックナンバー〟で、集団行動に大きな変化が見られるTipping Pointの一つです。過半数がある行動を取り始めると、残りの半分は違う行動を取ることに逆に自己保存のリスクを感じ始めるので一気に組織は変わります。諸説ありますが、その集団が変化を察知する割合は1／8以上、大きな変化のうねりとして受け入れる割合は1／3以上と言われています。どこかのプロキシーファイトのようで覚えやすいので、この「**13％➡34％➡51％➡ゴール**」**の法則は、組織改革の進捗を測定する際に重要なマイルストーン**として私はよく用いています。

第一部

組織に熱を込めろ!
「ヒト」の力を活かす組織づくりの本質

第5章

社員の行動を変える「3つの組織改革」

1.集団知を活かすための「意志決定システム」

人間の行動を変化させるには、それなりのエネルギーが必要です。

変化して成長して欲しい個々人は、本能レベルで現状維持と自己保存を好みますから、個人に委ねていると、放っておいたらそれぞれが〝折り合いのつく居心地の良い場所〟で安住しようとします。自己保存の重力に常に引っ張られているのが人間です。精神論では組織が変わらないのはそのためです。組織のシステムとして、確率を上げる「人の行動を変えるための必然」をつくらないといけません。

本章では、組織マネジメント・システムの核となる、「意志決定システム（会議）」と、「評価システム」、さらには「報酬システム」について記します。リーダー層にとっては、評価者としての自分の果たすべき役割や部下との接し方を見つめ直し、本当のマネジメントとは何か、考える契機になることと思います。また、評価される立場の若手ビジネスパーソンの方々にとっても、自分がどのようにキャリアを育み、成長していけば良いのか、多くの気付きを得られるよう具体的な戦術をお伝えします。

会議とは「人を働かせるための儀式」である！

会議は無駄だという人は多いですし、社内メールなどの発達によってそのような風潮はますます強いようです。わざわざ時間や空間を同期化してコミュニケーションを取ることの意味を活かせていない会議が実際に多いので、「無駄」という主旨はよくわかります。しかし私の眼には、それは会議の本質を知らずに無駄に会議をしている人間が悪いのであって、会議そのものの意義を否定するのは間違いだと映ります。会議は、ちゃんとやると本当に役に立ちます。

会議の意味とは何でしょうか？　皆が集まって情報を共有することでしょうか？　議論をして新しい価値を生み出すことでしょうか？　それらは正しいと思いますが、それは会議を使う目的であって、会議そのものの存在価値をうまく言い当てられているとは思いません。人間の本質が自己保存であることを頭に入れると、会議の本当の意味が見えてくるのです。

私にとって、**会議とは「人を働かせるための儀式」**です。

人間は人前で恥をかきたくない、組織の中で良く思われたい。なぜならば、組織の中での自分の信用の向上は生存確率を高める自己保存に強く感応するからです。その特性を理解しておけば、会社にとって正しく人を動かすための手段として、会議を非常に有効に活用できるのです。

仮に営業部に、1カ月後に設けた会議までにある宿題についての明瞭な答えを持ってくるように指示を出したとします。その会議には多くの大物が集まることがわかっていて、いい加減なものを持っていったら私や他部門に突っ込まれて瞬殺されて恥をかくことになる。しかもその場でのパフォーマンスは、営業部長だけでなく、支える部下達の評価にもダイレクトに反映する…。そういう状況を設定すれば、私はこの営業部を会議までの1カ月間、必死に働かせることができます。

人間の本質に着眼して会議の本当の効用に目覚めると、実は多くの神経回路の問題を〝会議という儀式〟を適切に実施することで解決できるのです。端的に言えば会議によって「意志決定を〝見える化〟する」ことは非常に有効です。

誰がどこで何を決めているかわからない組織は、実は誰もが公に恥をかかなくて済む仕掛けになっているのです。これでは仕事に人々を追い込むことができませんし、水面下で自己保存を優先させた行動を取りやすいので、会社としてはまずいのです。

逆を考えてみましょう。仮に、事後承認のシャンシャンの場ではなく、その場のディベートの結果、その会社の重要な意志決定が本当に為される開かれた会議が定まっていたらどうでしょう？　その意志決定会議で、意志決定者が多部門入り乱れた討議の末に、本当にその場で決める。しかも、会議後に議論の骨子や意志決定の理由まで組織にオープンになる。そんな仕組みがあった場合、人々の行動がどう変わるか想像してみて下さい。

実はこれと同じ仕組みは随所で見られます。プロボクサーは衆人環視で勝ち負けが晒される〝本番〟があるから練習に必死になれます。私は発表会があるから下手なりにヴァイオリンの練習に身が入ります。ビジネス空間でも同じです。そこにあるのは自己保存の本能。人々は恥をかきたくないので、その場の議論に見解を準備してちゃんと参加しようとします。

しかも、もう一つ会社としてはボーナスがあります。全員がいる公の場では、自部門の利害を追求した自分勝手な（自己保存の）主張がしにくくなるのです。不透明な根回しや部門間の事前取引にますます熱心になる人も出るでしょうが、結局その公の議論の場でいい加減なことを言うと、上や横からボコボコにされる前提があれば、あまり全体の利益から外れたことを言うことは、逆に自己保存のリスクになるのでできません。つまりオープンにすると、ちゃんとしていない人ほど自己保存が難しくなるのです。

ＵＳＪで実践した森岡式会議術

実例を挙げておきましょう。かつてのＵＳＪでも、部門間がロクにコミュニケーションを取らず、それぞれの部門の縦割りの部分最適の視野でしか働いていないと感じていました。私は、人々が行動をその真逆にしなければ自己保存できないように意志決定の仕組みを変えたのです。USJでは別の名前で呼んでいましたが、わかりやすく言うと「新規プロジェクトの意志決定会議」を設定しました。新規プロジェクトの成功確率を上げるために関係部署を横串で連動させる新しい仕組みを作ったのです。そこでは関係部署が一堂に会して、その会議の場で議論して、必ず意志決定者が決めて、結果が24時間以内にサマリーされて会議に参加した人だけでなく関係者全員にシェアされます。

それまでのUSJでは、社長と各部門長が1対1あるいは小グループで話して、OKだったらそれが進むのが基本。後で伝え聞くだけの他部門には何がどう話されたかわからない。しかも全体像を知っているのは社長だけなので、それぞれの部門長が会社全体の大きな視野を持つことも簡単ではありません。この仕組みがもう一つまずいのは、他からは非常に見えにくいので、社長にさえ嫌われなければ、自己保存のアジェンダを暴れさせても大丈夫であるということです。

それを、社長にお願いして権限移譲してもらい、社長が出ないオープンな意志決定の場を新しく作ったのです。この会議は、重要な新規プロジェクトごとに設けられています。それぞれの導入タイミングから逆算して18カ月前にスタートとか、2年前にスタートとか、プロジェクトが大きいほどリードタイムは長くなります。例えば２０１４年の「ハリー・ポッター」導入であればこれに関わる全部署が参加する意志決定会議が数カ月に1度の頻度で一本のレールのようにオープンまで設定されています。そのようなレールが、長さやタイミングがズレながらも、例えば17年の「ミニオン・パーク」導入にも、２０１１年から毎年行っている「ハロウィーン・ホラー・ナイト」にも、プロジェクトごとにあります。同時に2桁は下らないプロジェクトの意志決定システムの束を意図的に操作しながら、私はプロジェクトの成功確率を上げるために人間をちゃんと動かすためのシステムの整備に腐心していたのです。

この会議の実際は、最初の頃はほとんど誰もしゃべらないので私の独演会のようになっていました。その状態から、まずは、私の直轄のマーケティング部の部下達がちゃんと事前準備だけでなく、会議の中で発言できるように指導することに重心を置きました。次に、会議の中でできるだけ多くの部署から意見を引き出すように心がけ、ようやく会議で少しだけ議論ができるようになっていきました。実はこういう会議システムは恥をかかないように仕事をさせることには即効性がありますが、会議の中で建設的な議論ができるまでには時間がかかります。ＵＳＪの場合は徐々に良くなりましたが1年〜2年くらいかかったような気がします。

突っ込み役が私しかいない状態は結構長かったのです。なぜか？　日本人は公の場での闊達な議論に慣れておらず、他部署を攻撃すると恥をかかせてしまう、そして恨みを買って自分が反撃されるかもしれない事態は避けたいのです。これも自己保存の習性です。しかし、相手に意見を言ったり質問をしたりすることは「攻撃」ではありません。それぞれの持っている異なる専門性を出し合って、死角を減らしたり、アイデアを出したり、一緒にもっと良いものを創っていくことは全員の利益に通じるのです。そのことを都度言い続けて、少しずつ人々の行動は変わっていきました。

最後の方は部門同士で議論が普通に起こるようになり、例えば営業と運営の意見が会議の中で対立する、マーケティングや他の部門も議論に割って入る、それでも折り合いが付かなければ、その場の最終意志決定者である私が決定し、恨みっこなしで実行する。そのような会議へと発展していきました。

それと意志決定システムの大事なことですが、幹事は**会議のアクション・サマリーを24時間以内に全部署に出さなければなりません。**ちなみに会議のアクション・サマリーとは、備忘録である議事録とは全く目的が違います。日本の多くの会社では、記録目的の冗長な議事録をひたすら正確を期して何日も費やして書き、他部署にも気を遣って見せて間違いがないかOKをもらってから出します。当然のことですがそんなことでは何日も時間がかかります。

下手をすると会議が終わってから1週間や10日経ってからそれが人々の手に届く。これでは話になりません！　そんなことではステゴザウルスよりも神経伝達が遅すぎます。1週間や10日経ってから届く情報などは、書かれている行動期限がとっくに切れていたりするものです。情報は鮮度が重要。意志決定の場で話し合われた末の結論、そして結論から導かれる次に取るべきアクション、これをどれだけ速く関係者に伝達できるか、その勝負なのです。

アクション・サマリーの目的は「人を動かすこと」です。事細かな描写などは要りません。以下の4つの要素だけ入っていればOKです。

❶ その会議の目的が何だったのか？
❷ そして結論はどうだったのか？
❸ 結論に至る議論された主な理由は何だったのか？
❹ 結論に基づき、関係者が次に取るべきアクションの明示
（誰が、何を、いつまでにするのか？）

これだけを速攻でまとめて、他部署や上司など一切忖度することなく、自分の理解に責任を持って書いてそのまま一気に関係者全員に出せば良いのです。「内容が皆様の理解と異なる場合はご一報ください」と1行だけ最後に書き添えて。これで何か間違いがあった場合でも、お互いの認識違いが浮き彫りになるタイミングも早まるので一石二鳥だと思いましょう。

このようにアクション・サマリーはできれば直後に、遅くても24時間以内に出します。

意志決定会議をできるだけ「見える化」していく中で、アクション・サマリーは、関係者に正しい行動を早く取らせるためのプロジェクト上の実用的メリットに加えて、透明化プロセスそのものを組織に浸透させるためにも2つの意味で大いに役立ちます。

まず、意志決定会議で恥をかく程度と範囲がより甚大になることです。上司が部下に隠したいような失敗も、アクション・サマリーが速攻で公表されるならば隠せません。つまり会議に直接参加していない範囲にまで衆人環視となるので、関係者は自己保存のために事前準備にも本番にもさらに身が入るようになります。

次に、意志決定者の存在やその思考プロセスが、より多くの人が知れることで、本書の後半でお伝えする「社内マーケティング」をやりやすくなる人が増え、良い提案が上がってくる確率が増します。意志決定プロセスを透明でオープンにしておくことは、将来的により良い提案がボトムアップされてくる組織の底力を日々強くしていくのです。

2. 個人の強みを引き出す「評価システム」

自己保存が最重要である人間は、より良い評価やより多い報酬は生存確率が高まるので大歓迎です。しかし売上が右肩上がりの量的成長に依存できた時代は多くの業界でとっくに終わりました。大盤振る舞いでベースアップしたり、どんどん人を雇って頭数を増やしたり、そんなわけにはいかないのが今のご時世です。売上と人件費のバランスがどこかで停滞均衡してしまった会社ではなおさらです。売上が伸びないのに人件費総額を増やせないのは自明です。

ではどうすれば良いか？　社員の報酬を増やすには、まずは先に売上を上げなければなりません。つまり現行戦力で会社が成長するしかない。言い換えれば、それは現行戦力（人間）をどうやって成長させるかという挑戦に等しいのです。したがって、組織の仕組みとして、個々の持つ「個人技」を引き出して伸ばす仕組みは、組織存続のための最重要事項です。この「人が成長する仕組み」を上手く組めれば、人々は〝自然に〟（本当は人工的に）会社の望む方向へ自己研磨の努力をするようになります。

会社の最重要な経営資源である〝人材〟を常に内部から生み出し続ける仕組みが作れるか

どうか？　これは経営に携わる人間にとって実に重要でやりがいのある仕事です。ここからは、自己保存のために個人が変化せざるを得ない仕組み、「評価報酬システム」の考え方を紹介します。

自己成長を促進する「相対評価」のススメ

まず、最初に「評価制度」について話しましょう。評価制度は大きく分類すると、絶対評価と相対評価に分かれます。絶対評価では、会社から期待された目標値の達成度合いによって評価が決まります。なので、他人との比較はほぼ存在せず、己の仕事の成果を上司にどう評価してもらえるかが重要です。例えば、5段階の絶対評価では、理論的には全員が最高評価の5を取ることも、全員が最低評価の1を取ることもあり得ます。これが絶対評価です。

この絶対評価について私は非常に懐疑的な立場です。主な理由は3点。まず、人をのんびりさせてしまうこと。絶対評価は他人との比較ではないので、自分さえ与えられた業務をこなしていると可もなく不可もなく安心できてしまいます。人心を安定させやすいですが、自己保存の重力に落ちやすいとも言えるのです。もっと追い込まれれば引き出せるパワーがあるのに、本人や会社のためにもったいないと私は思うのです。

次に、運用上の問題として、評価に差がつきにくいこと。5段階で5や1を付けることは稀で、ほとんどの人間が3を付けられることになります。後に述べますが上司とはそういう自己保存の生き物だからです。結局、頑張っても頑張らなくても、評価に差がつかない状態になる可能性が大きい。差をつけることを避けると、誰も本気で走らなくなります。

最後に、上司に気に入られることが部下にとって最も重要な命題になること。評価に他人と横串を通す必要がないので、上司と部下の1対1の不透明極まりない評価空間になる可能性が大きい。そういう不透明空間では自己保存が暴走しやすいのです。上司は部下を「上下関係」で縛りやすくなり、部下は上司に嫌われたら甚だしくまずいので、ものが言いにくくなります。あるいは上下で癒着して、全体にとって公平な評価が下せなくなります。

対する相対評価は、評価基準に従って1番から最下位まで序列を付けます。私がこちらをオススメする理由は、絶対評価を嫌う理由の裏返しです。正しい競争をドライブすることで、人間の自己保存の本能を逆手に取って、人のポテンシャルを引き出すことができる。そして、評価区分を一定の割合で強制的に輪切りにしますので、間違いなく評価に「差」をつけることができ、これがアメとなりムチとなること。

最後に、相対評価をやれば、上司としての不適格者を発見しやすくなります。相対評価では、上司たちが集まって部下たちの評価の目ぞろえをすることになります。つまり、不公平な評価をやっていたり、癒着していたり、いい加減なことをやっている評価者は、公に露見しやすい。評価を透明にすることで、自己保存の本能を逆手に取って、上司達をちゃんと働かせることができるのです。

安易な方向に流れやすい個々人を、あえてちょっとだけ緊張感のある環境に置く…。自己保存のために、部下はより高い成果を出すのに必死、上司も部下に良い仕事をさせるのに必死、そういう連鎖が拡がれば会社の業績は上がります。毎年、同じようなことを繰り返しておけば許される組織では、人は楽に生きようとします。そんな組織からは、革新的なアイデアや、常により良い業績を生み出す執念は生まれてきません。人間はある程度追い詰められないと本当の力を発揮できないからです。

私のこのような考えに対して「森岡さんは会社を弱肉強食のジャングルにしようとしている。それは強者の論理だ！」とＵＳＪでもよく言われました。その指摘は大きくは間違っていないでしょう。しかし、人の行動を変えなければ、会社の業績は変わらないのです。そして人間の行動は簡単に変わらない。変えるには自己保存の本能を逆手に取った強力なシステムが必要なので、会社が成長するために必要な行動（自分が起点になって変化を起こす、新しいアイデアに挑戦するなど、主にリーダーシップスキル）をコンピテンシーモデルに組み込んで、それに基づく相対評価制度の導入を断行しました。

人と競争するのはしんどいものです。結果を精一杯出したのに、周囲がもっと良い結果を出していれば自分の評価は低くなるのですから。そんな油断できない毎日を、緊張感を持って能力と成果の向上に向き合うのは大変です。しかし何年も経って振り返った時に、大変だったその時期が、実は自分自身が一番成長できたと思える日がきっと来るはずです。個人のキャリアに必要な「成長」のためには、変化を拒む本能の重力圏から抜け出す〝エネルギー〟が必要。人間は弱いものです。〝ちょっとだけ緊張感のある環境〟にあえて身を置くことは、自分を怠けさせず成長させるために非常に有効な手段。結果として、スキルや実績が身に付いて、その後のキャリアが開けていきます。会社のためというよりも、むしろ個人のためにこそ良いと私は考えています。

3．成功する「相対評価システム」の5つのステップ

相対評価システムを導入する場合のフレームワークとして、私がオーソドックスに使う5つのステップを紹介します。根幹となる考え方を参照して、それぞれの組織の実情に合わせ

て具体的なプランを練っていただければと思います。

相対評価システム：5つのステップ

- STEP① 「評価基準」の設定
- STEP② 「評価プール」と「評価区分」の設定
- STEP③ 期待値の目合わせ（期初、中間、月1回）
- STEP④ 「評価会議」とトラッキング
- STEP⑤ 評価に基づく、待遇変更の厳格な実施

STEP① 「評価基準」の設定

まず、人を評価する基準を明確にせねばなりません。評価基準には主に、「能力（スキル）」の評価基準と、「結果（業績）」の評価基準の2つがあります。能力の評価基準を明確

にするためには、まず組織の「コンピテンシーモデル」を定めなくてはならない。簡単に言えば、どのような能力を持った人間を（どのような行動を）評価するのか？ということです。具体的には各々の組織が市場で勝つために考えなくてはならないのですが、上手く行くコンピテンシーモデルの２つの原則をここでは紹介しておきます。

原則の１つ目はシンプルであること。人が意識の中で常に覚えておけるものでなくては機能しません。複雑で紙の上でしか扱えないようなものではダメです。私が入社した当時のＵＳＪには30項目を超えるコンピテンシー表がありました（笑）。まともな人事能力がある会社ならば、そんな状態で開業から10年も時間を無駄にしません。もちろん私の入社後に非常にシンプルなものに変えていただきました。また、大昔のＰ＆Ｇでは「リーダーシップ、戦略思考力、コミュニケーション力」の３つを個人能力の視点として特に重視していました。それならばシンプルです。誰もが覚えられます。

原則の２つ目は、具体的な行動に落とせること。〝コンピテンシー（能力）〟は外見からは見えません。見えるものは全て〝行動〟です。例えば、コンピテンシーにおける「コミュニケーション能力」は、当人が実際にその能力を使って行動しない限りは他人からは全く目に見えないのです。つまり我々は、**能力を直接には目視できないのであって、全て「行動」を通して能力の高低を推し量る**のです。ということは、具体的な行動として定義できないコンピテンシーは測定できません。

測定することが難しいコンピテンシーの例を挙げておきましょう。コンピテンシーとして実際に「人間力」を掲げている会社があります。「人間力」という広大な概念を、どうやって具体的な行動として定義できるのでしょうか？　全ての良い行動は人間力とも言えるので主観によってあらゆる解釈を入り込ませてしまいます。逆に良い例は「リーダーシップ」というコンピテンシーを掲げ、営業部員に期待する具体的な行動として「新規法人顧客を半期で10件以上、自らが起点となって開拓する」と定めれば測定できます。商品開発部員には「自ら周囲を巻き込んで、消費者調査をクリアできる新商品アイデアを2つ以上通す」とすれば、リーダーシップがそれぞれの仕事の文脈で定量化できるようになります。

最後に「結果（業績）」の評価基準について述べておきます。これは会社全体の業績目標からカスケードダウン（下方展開）される目標数値が個人に落とし込まれる度合いを基準にすることになります。あえて簡単な例を挙げれば、もし10％の売上増を達成したい会社ならば、全営業マンが昨年対比110％の売上を達成することを評価3（5段階の真ん中評価）とすれば良いのです。当然マーケティング部もそれを共有していますし、商品開発はその目標を達成するために必要な新商品開発を成功させることを評価3とし、人事部や総務部はそれら社員が110％を達成するためのあらゆるサポートの実現を評価3とするのです。

大事なことは、**業績目標はできる限り「数値化」する**こと。数値化できていなければ、結果が主観でどうにでも解釈できてしまうのです。数値化できていれば、たとえ上司と仲が悪くなってもあなたの成績は動かしがたい客観性で担保されることになります。期末での無用な議論を避けるためにも解釈の余地がない数値化された業績目標を設定することは重要です。

ただし、「定量的」な結果が出る仕事ばかりではなく、会社の中にはあらゆる領域で「定性的」な評価に基づいて仕事をしている人がいます。

例えば、あるプロジェクトのリーダーをしている人の評価で、期中に結果が出ない場合はどのような業績目標を設定すべきでしょうか？　私ならば、それでも成果をできるだけ数値に変換する努力をします。期末までに達成してもらいたい成果（例：戦略や予算にマネジメントの承認を獲得できている状態）の期待値を評価3とすれば良いですし、さらにその人のリーダーシップの発揮ぶりについて、マネジメントや他部署の向き合いのキーマンなど6～8人程度に5段階評価をしてもらい、そのスコアの平均値を評価とするようなやり方が考えられます。結果が見えにくい仕事の成果も、できるだけ定量化することで後々議論の余地がないようにします。

STEP② 「評価プール」と「評価区分」の設定

相対評価に欠かせないのが「評価プール」です。評価プールとは、同じグループとして1番から最下位まで順位付けされる際のライバルとなる個人の束のことです。良い評価プールを設定する原則は、3つです。

❶ 1つのプールに一定数以上の大きさを持たせること
❷ 競合させる年次やグレードとして似通った人を集めること
❸ できれば職能も似通った人でプールを構成すること

しかしこの3つを同時に満たす評価プールの設定が難しい場合は、先に挙げたものほど優先順位が高いので後ろのものから諦めます。

最初の、評価プール内にある一定の人数がいるというのは、少なすぎる「輪切り」の際に極端な分散しか作れなくなってしまうからです。例えば、5段階で相対評価する時に、評価プール内に5人しかいなければ、その最上位から最下位まで1人ずつ並ぶことになり、その評価結果は極端に振り切れてパフォーマンスの程度を適切に反映できないのです。評価プールの人数は最低でも2桁、できれば30～60人程度いることが望ましいです。

次の、1つの評価プール内ではできるだけ「似通ったグレード」の人間を集めるとは、簡単に言えば課長は課長級同士で勝負させ、平社員は平社員同士で勝負させるということです。決して、大学生と小学生を同じ土俵で勝負させることはしません。なぜならば、これを混ぜると、大学生は油断して伸びませんし、小学生は公平に勝つチャンスがあると思えないので、動機付けが成立しないからです。

最後の、1つの評価プール内にはできるだけ「似通った職能」の人間を集めるのは、その方が比較しやすいからです。例えば、営業のAさんと同じ営業のBさんの優劣は比較しやすいものですが、営業のAさんとマーケティングのCさんの相対比較にはもう少し頭を使う必要が出てきます。

しかしながら、この職能による違いは程度の問題とも言えるのです。厳密な意味では、たとえ同じ部内にいても全く同じ職能で同じ仕事をしている人はいないからです。また、実務上も、評価プールはある程度の人数がいないと機能しませんから、例えば人事部と総務部を足し合わせて最低限の大きさの評価プールを作るなんてことはよくあります。その場合は人事担当と総務担当を混ぜて相対比較することになります。読者の中には「そんなことは可能なのか？」と疑問に思う人もいると思いますが、可能です。詳しくはSTEP3の「期待値の目合わせ」のパートで説明します。

そして、評価区分の「輪切り」の割合を設定します。仮に5段階の査定であれば、序列の上位10％を最高評価「5」、その下の20％を次点評価の「4」、真ん中の40％を「3」、上下対称にその下の20％を「2」、最下層の10％を「1」というように輪切りにします。この割合は、組織によって戦略的に考えれば良いのですが、評価「5」＝「1」と、評価「4」＝「2」のように、割合を上下対称にしておくのが基本の考え方です。それが非対称だとどうなるか？　評価をする上司たちは、部下に良い評価をあげたいし、厳しい評価の比率を下げたいので、油断をするとすぐに頭でっかちな比率を作りたがります。

この組織が仮に最高評価者を10％出すとしたら、50人の評価プールでは5人しか最高評価を付けることができません。6人ではないので、5位と6位の順位の攻防には、それぞれの上司にとって熱の入る問題になります。また、最高評価の5人を選ぶ議論よりもある意味で熱い議論になるのは、最下位も同時に10％（つまり5人）を絶対に選ばないといけないという鉄の掟があるからです。ボーダーライン上の順位関係の議論は白熱します。

STEP③ 期待値の目合わせ（期初、中間、月１回）

「期待値の目合わせ」とは、個々人に追いかけさせる目標の難易度の度合いが、評価プール内で同程度にチャレンジングであることを確認するステップを設けることです。具体的には、期初設定した部下の達成目標を、同じ評価プールの評価者全員で目を通します。そこで「これは目標が低すぎるのではないか？」とか「この目標はもっと数値化しないと期末評価で議論を呼ぶことになるのではないか？」など、お互いに指摘し合います。

相対評価は、職能が必ずしも一致しない人間を評価プールに混ぜて評価する場合もありますので、業務目標の異なるそれぞれの人間への会社からの「期待値」を期初にできるだけそろえておくことが重要なのです。例えば、昨年対比で売上10％増を掲げる営業部のAさんの目標が昨年対比+5％と設定されている場合、他の評価者たちは「なぜ？」と突っ込みます。その時に、Aさんの上司である評価者が、Aさんの担当領域がどのように競争が激しくて、それ故に5％伸ばすことが全体の10％に匹敵する貢献であると、ちゃんと説明できれば良いわけです。

今度は同じ評価プールにいるマーケティング部のBさんは、Aさんの評価ライバルですが、ブランドのある指標を昨年比で2.1ポイント上昇させるといった、また毛色の違う軸の達成目標を掲げています。その場合も、その2.1ポイントの上昇が、全体として会社の売上を10%伸ばすことに対して一貫した目標設定であることを、他の評価者達にきちんと説明できなくてはなりません。こうやって、それぞれの「チャレンジ度合いがほぼ同じである」という評価プール内のコンセンサスを期初に確認しておくことが大切です。

なぜならば相対評価における評価の焦点は、目標に対してどれだけ達成できたのか、できなかったのか、という達成度合いの相対比較だからです。なので、人によっては目標を簡単な低いところに設定し、別の人にはものすごく達成困難な高さに設定する、そのようなバラバラの難易度設定では比較そのものが極めて不公平になるのです。**相対評価の真相は、絶対評価による結果を評価プール内で相対評価**しているのです。

もちろん、評価者達も人間ですから、完璧な目合わせができるわけではありません。数カ月後に予測できないような環境の変化があるかもしれません。本人のせいではないのに予定していたプロジェクトが無くなったり、為替が変わって本人の力量とは関係の無いところで期初目標に比して、売上や利益が激増したり激減したりすることもあります。

そこで、1年間の評価期間の折り返し地点、つまり期初から半年後に中間評価（半年の結果に基づく進捗確認と評価プール全体における順位付け）を評価プール内で行います。ここで外部環境などの本人とは関係の無いところで本人の期初設定に多大な影響があった場合には、評価プール内の他の評価者に合意を取って目標を修正します。この中間点での目合わせは、期末の評価確定に向けて、その評価が本人に取っても、評価プール全体により公平に近づくために非常に重要です。

個人と上司の間で評価を話し合う頻度はもっと高くなくてはなりません。中間評価や期末評価の時に、自分の評価にサプライズが起こるようではダメです。その場合は、上司だけではなく、実は部下も同じかそれ以上にダメなのです。上司と部下は急ぎの仕事の話ばかりしていてはダメです。

上司は部下のパフォーマンスに対してちゃんとフィードバックしなくてはなりません。一方の部下は、自分のキャリアなのですから、上司がフィードバックをくれない時、自分から上司の時間を取って積極的に聴き出さなくてはなりません。私の場合は、部下と評価に関する話し合いを最低1カ月に1度はするように心がけてきました。期初設定した目標に対して、どのくらいの進捗にあるのか、相対評価の際にはどのくらいの位置になるのか、もっと良い結果を出すために何をすれば良いのか、上司として支援できることは何か。そのようなことを1オン1（週に1時間程度、1対1で定例化している会議）や、ランチやお茶の時間を設けてしっかりと話し合っていきます。

この時、**上司は部下に対して耳の痛い話ほどしっかり明確に伝えなくてはなりません。**このあたりを曖昧にすると、期末評価時に大きなサプライズが起こります。部下にはかなりの割合で、上司の発言を自分にとって聴きたいように聴く「セレクティブ・リスニング」する人がいるからです。これも人間の自己保存の本能がバイアスをかけるせいでしょうが、人間は自分に都合の良いように相手の話を歪めて解釈する傾向があるのです。上司としては、相手が誤解しようのないように「はっきりと」フィードバックしなくてはなりません。「もうちょっと頑張らないといかんよ」ではダメなのです。「このままだと3を取れずに2に落ちる可能性が高い」と伝えるのです。

そうやって明確に、しかし誠実に伝えることで、部下は自分の立ち位置を正しく知ることになり、危機感を持って、残された時間で挽回するチャンスを手に入れることができます。相手に厳しいことを言うのが嫌で、何となく曖昧に済ませようとする上司は部下にとっては最低です。それは部下に優しいのではなく、自分に優しい上司です。しかし私の見解では日本人の8割以上がこの「自分に優しい上司」です。

したがって、部下の立場では注意しなければなりません。上司が自分自身に優しい人間である可能性を頭に入れて、自分の評価の立ち位置を正しく知るために、こちらから情報を正確に聴き出す努力を自己責任でやるしかありません。自分の評価を聴くことに抵抗のある人は多いようですが、自分のキャリアは自分自身のものです。上司の時間を確保し、具体的な見解を聴き出すのです。

STEP④ 「評価会議」とトラッキング

評価プール内の順位付けを行う「評価会議」について説明します。評価会議は、意志決定者、そして評価者たち（評価される部下の上司たち）によって主に構成され、あとは外に絶対に漏れないように膨大な情報を管理する口の堅い事務方がロジスティックスをリードします。意志決定者とは、その評価プール内で議論が紛糾した場合に最終的に決裁する役割を担った人間です。

この評価会議を実施するまでにやっておくことは3つあります。

❶ 各評価者と部下の間での評価についてのレビューを済ませておくこと。

❷ 期初設定された業績目標に対する達成度合いで、それぞれの総合評価点を算定し、その点数に基づいて評価プール内の暫定順位を出しておくこと。

❸ それらの個別の評価と暫定順位を事前に全ての会議参加者は目を通し、質問や突っ込みどころ、異議の申し立てを事前に事務方に集約しておくこと。

事前に論点を整理してから「評価会議」を行わないと時間がいくらあっても足りませんし、論点自体が紛糾して収拾がつかなくなります。

その事前準備をしっかりやった上で、評価会議となります。予め整理された論点を議論していくのですが、この評価会議内でマネジメントとして能力の低い評価者の行動パターンが2つあります。最初のパターンは〝寡黙沈黙タイプ〟です。このタイプは、自分の部下に関わるところを最低限説明はしますが、説明が下手すぎるのです。ここでの説明次第では部下のキャリアの運命が分かれることがあるにもかかわらず、ざっくり言って「無関心」に見えるタイプです。事前に論点整理されているので、どう答えるかちゃんと考えてくれれば良いものを、訳のわからない説明をするものですからその部下には不利な展開で会議は進行していくことになります。

もう一つのダメなパターンは〝我田引水タイプ〟です。自分の部下が可愛いのか、他の評価者に負けるのが嫌なのか、とにかく強引に自分の部下をプッシュして、ライバルとなる他の評価者の部下を露骨に撃ち落としにかかります。周囲から見てあからさまに押しが強く、こういうタイプは全体からフェアだと思われませんので、発言に説得力がなく結局は支持されません。

私のような意志決定者が評価会議にいる場合は、〝寡黙沈黙タイプ〟や〝我田引水タイプ〟が出現しても、評価される側のそれぞれの部下が不利益を被らないように目を行き届かせて適時フォローします。また、そのような行動が繰り返される場合は、その評価者の上司としての能力に対し、私からの評価を厳しくフィードバックすることにしていました。

この評価会議に参加する人は、それぞれが自身の部下のキャリアを背負いながらも、共通に1つの目的を目指しているのです。それは**評価プール全体にとってできる限り「フェア」であること**です。自分目線の部分最適ではなく、全体最適を目指す。もちろん、人間のやることですから、完全なるフェアは存在し得ないでしょう。しかしながら、人間が最大限の努力で「フェア」な相対評価を追求することは可能です。フェアに近づこうと必死でやっていると「人々が信じていること」と、フェアにやるために「実際に必死に努力していること」は、相対評価システムを成立させるためにどちらも不可欠です。

評価会議での決定は最終決定です。よほど大きな事実誤認や不正でもない限りは覆りませんし、その場合でも罪のない評価される側に影響が出ないように修正するのには神経を使います。なぜならば、相対評価を厳格な輪切りでやる場合は、1人の順位が変わるだけでは済まないからです。1人が変われば他も全て相対的に変わってしまい、ボーダーラインにいる人間の評価区分が1つ変わることがあり得るからです。

さて、そこで決まった結果はある期限までに、全上司が全ての部下にフィードバックしなくてはなりません。結果を伝える上司としては、良い評価を取った部下に対しては気が楽なのですが、その逆は非常に気が重い作業になります。なので、重要なことは、その評価内容の伝達がちゃんと為されたどうかの確認を、事務方を通じて組織としてチェックしなければなりません。

具体的には、上司からフィードバックが為された確認の後に、上司の上司、あるいは人事担当の人間が部下本人とフォローアップして内容理解に齟齬がないかをきちんと確認します。この仕組みが存在することが明確になると、上司は部下に言いにくい話でもしっかり伝えないと、やっていないことがバレて自身の評価が下がります。自己保存がリスクに晒されるので、最初からちゃんと働くようになります。人が戦いから逃げないようにするには、逃げた方が損をする仕組みに変えれば良いのです。

STEP⑤ 評価に基づく、待遇変更の厳格な実施

さて、私がオススメする相対評価システムの最後のステップとなります。評価結果に基づいて、それを待遇に反映させます。具体的には、軽いところから重いところまで順番に並べると、「支給ボーナス」の決定、「ベース給料」の増減、そして「昇降格」の決定です。支給

ボーナスについては、相対評価の評価区分によって意味のある〝格差〟をつけなければなりません。この報酬の差についての詳細は次項で解説します。

ベース給料の増減については波乱を含みます。長かった年功序列や高度経済成長の時代に培われた〝常識〟が色濃い日本社会では、お父さんの基本給が減るとなると「家族会議」級の意味を持つのです。給料は増えないことはあっても減ることはないというのが、多くの日本企業で実施されてきた慣習ですので、会社側にどのような理由があったとしても、減給される社員やその家族がどう感じるかはリスクとして覚悟しておかねばなりません。モティベーションの観点から減給をオプションから外す企業が多いのもそのためです。

しかしながら、企業の売上が右肩上がりでない限り、ベース給料の原資である人件費総額を増やすわけにはいきません。では、高い評価を取った人のベース給料のアップ分はどこから補うのでしょうか？ この算数をちゃんと突き詰めて考えない企業が「人件費の自然増」などと言って、ただでさえ毎年落としている利益率をさらに圧迫するのです。そのような企業は遠からず誰の給料も払えなくなるでしょう。

これは私の考えですが、その年の評価によってベース給料が、ある一定の給与バンド（つまり上限と下限を設けて）の範囲内で増減することの何が間違っているのでしょうか？ 個人としては、勝つ年もあれば負ける年もあるでしょう。しかし何年も何年も積み重なれば、パフォーマンスの高い人がより多くの報酬をもらって上限に近づき、パフォーマンスの低い人は給与バンドの下限に這うようになる。それは働きに応じて支払う、Pay For Performanceのポリシーそのものであり、むしろ理想的です。仮にそれでモティベーションを落として辞める人が出てきても、その人はパフォーマンスが悪いわけですから、その給料分でもっと強力な人材に入れ替えることができると思えば組織強化の観点では良いのではないでしょうか？

ちゃんと考えればわかることです。ベース給料を下げないということは、つまり働きに応じて支払うことができないということです。それではもっと理不尽な事態を招きます。年功序列の残像が残る大手企業では既に頻発している問題です。働きが悪いくせに給料が高止まりしている既得権層がものすごく多いのです。それはすなわちパフォーマンスが高いのに給料が甚だしく低い若手社員から搾取している構造で成り立っています。これではフェアではないでしょう。既得権層は、確定した高給をもらい続けることができるわけですから、辞めずに会社にしがみついて、そのまま自己保存しようとします。

給料は働きに応じて上下できるのが一番良いのです。そうすれば、若者は働きに応じて報われるようになります。既得権層も高い給料がネックになって居づらくなることもありません。パフォーマンスに応じて支払うならば何歳になっても居て良いはずです。年齢に関係なく、誰しもが良い働きをすれば年収が上がるようにするのです。超高齢社会を迎えている日本は、そのように給料を年齢に関係なくフレキシブルに変化させる必要があると私は考えているのです。

そして昇格と降格についてですが、これもPay For Performanceを実現するためには不可欠です。先ほどベース給与について、ある一定の給与バンドの上限と下限という話をしました。パフォーマンスが高く、一貫して高い評価を取り続けた人は、給与バンドが上限に近づきます。その場合は、その上限を飛び越えて上の給与バンドに移さねばなりません。昇格です。昇格すると給与バンドの上限が上がるのでまた良い評価を取ればさらに給料は上がります。

その逆が降格です。その職務グレードでパフォーマンスが一貫して低いのであれば、降格して下の評価プールと給与バンドで頑張ってもらえば良いのです。**昇給も昇格も、減給も降格も、会社の中での相対評価がそれなりにちゃんと機能していれば、パフォーマンスと待遇のバランスが悪い人間を焙り出して補正をかけるのに非常に有効**です。サッカーのJリーグでJ1とJ2のチームを入れ替えるように、毎年一定の割合で上下を入れ替えるのです。これを年々繰り返すことで、〝適材適所〟の組織にどんどん近づいていきます。相対論として、あまり働いていないのに給料が高い人間には、給料に見合うようにもっと働いてもらうか、働きに合うところまで給料を下げるのが正しいのです。

それで既得権が崩されてモティベーションが下がれば、さらにパフォーマンスが下がるではないかと危惧する人がいるかもしれません。しかし、そうならば、さらに給料も職務グレードも下げるまでです。そのシステムが明確かつ厳格に運用できているのであれば、人間は自己保存の本能に基づいて、会社の期待に沿うべく自分の行動を変えようとするか、無理だと判断して転職して環境を変えようとするか、どちらかになります。降格されるならば自ら辞めるケースの方が多いように思います。高い職位の方が転職に有利だからです。そうやって組織の新陳代謝が活性化されるのは大いなるプラスです。いずれにしても、組織を活性化するためには、優秀な人に道を拓くために上のポジションを強制的に空けなければなりません。

最後に、相対評価システムのコストについて明示しておきます。相対評価は多くの点で絶対評価よりもオススメですが、それでも全く問題が無い万能選手ではありません。今まで述べてきた相対評価に関する最大のチャレンジは、組織全体の時間の投資が相当かかるということです。各上司と部下の間で適当にいつの間にか終わらせることも可能だった絶対評価と違い、透明性を持って各々の評価に横串を通す作業を各評価プールでやるわけです。なので、部門長や本部長などの上に立つ評価者にかかる負担は軽くはありません。具体的には、US

Ｊでの期末の評価会議だけでも数日間は缶詰めになりましたし、事前の評価書類に目を通したり、各部下との意思疎通やフィードバックしたり、他にもさまざまな付随する業務時間を含めると、日頃の業務もやりながらそれらをやり切るのはそれなりに大変でした。

しかしながら、会社にとって最重要な経営資源である「ヒト」の評価よりも重要なことって、他に何があるでしょうか？　個人にとっても、人生で一番充実した年月の大半を捧げるプロフェッショナル生活ですから、その評価やキャリアは最重要。つまり、評価に毎年多くの時間と精神力を投じるのは、非常に正しいことなのです。

むしろ、それをキチンとやっていないから、従業員の足並みをそろえることができない。自己保存に沈んでいく人間にエンジンをかけることもできない。自分の評価がどこでどのように行われるのか、自分はどうやれば昇進できるのか、そんなことも全くわからない人が、この日本に充満しているのです。

評価制度は大事です。自己保存を逆手に取って人間本来の力を引き出す必然をつくるのです。

4．社員のモチベーションを上げる「報酬システム」

報酬に「差」をつけることに抵抗がある日本企業は多いようです。これは先述した評価段階から始まっていますが（評価自体に差がついていないことがほとんど）、たとえ評価で差がついていたとしても、報酬の差は一般的に外資系企業のそれとは比較にならないほど小さい日本の会社が多いようです。

ボーナスに差をつけない本当の理由は何か？　これは実は単純な話で、上司が情緒的に差をつけたくないからです。それは部下が可哀想だからやりたくないという優しさに見えますが、本当は違います。真実は、人に対して厳しいことを言わなければならない自分自身が辛いからやりたくないという自分自身への甘さです。自分の仕事が大変になるからです。

全員分を足し合わせた総和であるボーナス原資は有限です。最高評価の人にドーンとあげるための原資が追加で天から降ってくるわけではないのです。つまりその多くあげる分は、評価の低い人から削り取ってこなくてはならない。その悪い知らせを本人に説明するのは非常に気が重く、上司としては非常に辛くて嫌なので避けたいのです。最高評価を取った人間のモティベーションを上げるには言葉による賛美のシャワーだけでやれると思っていればなおさらです。

そもそも報酬にはどの程度の差をつけるのが適切なのでしょうか？　ベースではなく、わかりやすいボーナスを例にしてみましょう。私が今まで診てきた事例の限られた範囲ですが、何十年も続いてきたような日本企業であれば、通常評価の人を100とした場合、最高評価の人を120とか130とかにしている会社が多いようです。私はUSJでは2倍や3倍どころでない〝何倍〟もの差をつけて最高評価者に報いていましたので、その数割程度の差では人間のヤル気を本当に掻き立てることができるのか不安に感じます。

しかし逆に、私がやっていた頃のUSJほどの差を作ることが不要、むしろ害になってしまう組織もあるはずなので注意が必要です。**意味のある差が無いと話にならないけれど、過度な差も別の意味を持つので行き過ぎにも注意**です。正解はその2つの間のどこかにあります。

「意味のある差」とは、人々が高い評価を取るための闘志が湧いてくるのに十分な差を感じるか？ということです。頑張って抜群の成果を出し、良い評価をもらっても、他の人と報酬にほとんど差が無いのであれば、頑張らずにほどほどに過ごして楽に生活した方が良いと考えるのが自己保存の原理。取ったリスクに見合うリターンが無いのであれば人はリスクを取らない。

もちろんリターンはお金だけではありません。そんなことは前提です。その上で、際立ったパフォーマンスが経済的にも報われるようにしておくことは必須なのです。なぜならば、良い成績を取るトップパフォーマーになればなるほど、組織内における「報酬と貢献」のバランスが悪く、辞めて他へ行くリスクが高いからです。

また、「過度な意味を持つ差」とは何でしょうか？　人を動機付けるのに、差が大きければ大きいほど人はモティベートされるのでしょうか？　あり得ないくらい極端な例で考えてみましょう。もしあなたが属している組織のボーナスが、今まで平均で月給の3カ月分出ていたとします。それが来期から、トップ20％の人は10カ月分がもらえ、残りの80％の人は全くもらえない、そのように制度が変わるとします。あなたはモティベートされるでしょうか？　それとも転職を考えるでしょうか？

頑張ったら何とか自己保存できると思えなければ人は動機付けられません。勝てると思えなければ、実質的には「アメ」の効果がなく、「ムチ」だけが意味を持ってしまいます。要するに、**自分にとって行動を変えるメリットがあると信じられるかどうか？　その1点が大切**で、脅威だけを強調してしまうと、その組織での自己保存を信じられなくなるのです。どの組織でも上位2割程度いるトップパフォーマーの働きは際立っていますが、組織はその2割だけで構成できるものではありませんので、意味を持ちすぎる差には注意が必要です。

私が考える報酬の原則は、Pay For Performanceの他にも、Pay For Priceがあります。職能に応じた市場価格をベンチマークにして人が辞めないように報酬を支払うというものです。例えば、あるファイナンスのプロがいたとして、その人と同程度のスキルレベルの人間がジョブマーケットでいくらの報酬を得ているのか、それを理解した上で自社の報酬を決めるのです。

しかしこの方法では、職能に応じて市場価値が異なるので、自社内の給料を均一にするのは難しくなります。経理課長と営業課長の年収が違うということが起こる。しかし、私はそれで良いと考えています。自動車の部品も一つ一つ値段が違います。会社の人材の値段も職能に応じて市場に対抗できるように報酬制度を組んでいないと、優秀な人からヘッドハンターにどんどん引き抜かれるだけです。

金銭という報酬は恐ろしいもので、会社の経営の立場からは、モティベーション上昇のための〝維持可能な施策〟になかなかなりにくいのです。ある人に一度大きな金銭的ボーナスを与えても、その金額を水準にして、翌年にも同程度以上もらわないとモティベーションが上がらなくなるというのはよくある話です。お金への欲には際限がありません。したがって、報酬も大切ですが、報酬だけをアメやムチにしてもダメです。

自分の働きを承認してくれる、仕事自体にやりがいを感じる、学べる、成長できるなど、報酬以外にも人がその組織に見出す重要な価値はいくつもあります。上司は部下の琴線に触れるモティベーションの源泉を理解することに情熱を傾けねばならないのです。

辞めてほしくない人が次々に辞めていく組織というのは、簡単に言うと経営陣がボンクラなのです。普通に考えると、転職のリスクは非常に大きな自己保存の脅威ですから、よほどのことがない限り、人はその会社の中で何とか幸せになる道を探すものです。普通はハッピーならば辞めませんし、条件が大きく変わらないならば留まるものです。それがどんどん辞めるとなると、経営陣が人々のモティベーションがどこにあるのか、その肝心な理解がない、あるいはわかっていても無策と相場が決まっています。優秀な人間から先に辞めていき、行き先がない人たちがしがみつくことになります。そして会社の業績は落ちていく……。

5. 人事制度改革は、USJ再生の「一丁目一番地」だった！

読者の中には、組織改革は人事部や社長の責任範囲であって、どうしてマーケティング畑の私がそのようにUSJの組織変革まで推進することができたのか知りたいのではないでしょうか？　理由は2つあります。

最大の理由は、その心の準備ができていたことです。会社の業績回復には組織改革が欠かせないことや、組織運営においては評価制度や報酬制度が最も重要なポイントだと、私は入社前から知っていました。人間は知らないことを自分で気付いて認識することはできません。視界の中に情報や問題があっても、認識しない限りは本当に見えないのです。その認識があれば、見えてくる情報の質と量や、行動が全く違うのです。私は、事あるごとに社長や人事担当のトップに、USJの組織がどうあるべきかを説いて回りました。

もう一つの理由は、私が自分の責任範囲に全く縛られないことです。会社全体のできるだけ広い視野で物事を考える習慣があれば、会社にとって本当に重要なことを発見した時、自分の責任範囲かどうか等は重要なことではありません。まして、USJ再生のカギである持続可能なマーケティング力の強化には、組織改革が欠かせないことを知っている私ですから、組織改革は為すべき私の仕事の「一丁目一番地」にしか見えませんでした。

したがって、社長や人事部門に対して影響力を行使し、あるべき組織についてのノウハウを注入し、勝てるように組織を変えていくことに一切の遠慮はありません。またその際に、私は自分の考えを提案として相手に通す「社内マーケティング」のスキルを磨いてきましたので、経営上層の空気を一つにまとめて組織改革へ会社を動かすこともできました。そのスキルについては次章以降でお伝えします。

余談ですが、「刀」は組織改革にどうアプローチするか？　企業様の個別の事情に合わせてカスタマイズした提案をします。したがって、用意している「釘」の種類は他にもたくさんあります。例えば、経営にまつわる係数管理を組織全体で徹底するための釘であったり、外界（市場）で起こっている消費者や競合の動きを定点観測した情報を中枢神経のピンポイントに活かすための釘であったり、それこそマーケティングに限らず各種ビジネススキルを自社内で若い世代に継承していくための効果的な人材育成プログラムの釘であったり、いろいろあります。

しかしながら、ほとんどの会社に当てはまる最優先の対策は、これら「マーケティング・システム」「意志決定システム」「評価報酬システム」の3本の釘に集中して、社員の自己保存と会社の目的を、しっかり一致させることだと思います。USJでも、初期はこの3本を集中してしっかりと打つことで、時間と共に会社組織が活性化されてどんどんサイクルが好転するV字回復の組織基盤を成立させることができました。育成システムや採用システムなど、他のサブシステムもつくりましたが、成功によって必要なものが増えた時に順次増築していくことで十分間に合いました。

組織全体を診るとあちこちが傷口だらけの時、その一つ一つに絆創膏を貼ってもキリがありません。組織を傷だらけにしてしまう根幹の原因は、個人の自己保存を野放しにしていることですから、それを最小限の釘の数で制御することをまずは集中して考えるのです。あれもこれも同時に手を着けても経営側が管理できないのと同様に、人々も混乱して一つ一つの変化についていけません。

逆に言えば、この3本がすでにしっかりしている企業はすでに成功されている確率は高いのではないでしょうか？　その場合は、さらに目的を高く掲げて設定してみて下さい。自社組織の新たなボトルネックがあちこちに見えてくると思います。同じ領域でも求められる期待が変われば必要な組織力も格段に上がります。

絶えず変化する市場と、上手く適合することでさらに高い目的を追う人間…。この2つの変数のおかげで、組織づくりとは常に終わりのない挑戦です。

第二部

社内マーケティングのススメ

「下」から提案を通す魔法のスキル

第6章

自分起点で会社を変える個人技

1.社内マーケティングのフレームワーク

「下の立場から提案を通したり組織を変えたりするにはどうしたら良いのか⁉」。これは私がよくもらう質問です。その都度できるだけ大切に答えることにしている理由は、私自身のキャリアでとりわけ悪戦苦闘しながら向き合ってきたチャレンジそのものだからです。

私は、組織の絶対権力者になり得るオーナーでもその御曹司でも雇われ社長ですらもなく、P&G時代もUSJをV字回復させた時も、上とのしがらみを抱えた「雇われの身」で組織を変える挑戦をずっと続けてきました。USJを大きく変えることができたのは、私に絶対的な権限があったからだろうと誤解している人も少なくないようです。でも実際には、V字回復への舵を握っていた時、私に会社全体を取り仕切る絶対的な権力などはありませんでした。実は私は、下からでも会社を大きく変えられることを示す生き証人です。

プロ・マーケターとしてUSJに雇われた2010年、私の立場は「マーケティング部長」という部長級でした。もちろん社長の強い期待を背負って入りましたが、職務権限そのものは10人程度いる各部門長の中の一人にすぎませんし、部長級以上の幹部の中では格段に最年少でした。しかも、上方向には、社長、取締役、片手の人数くらいの執行役員達（直の上司だったマーケティング営業本部長をはじめ、他部門を統括する本部長達）がいましたし、横方向にも他の部長や次長が数十人もいて、マーケティング部長として本気で仕事をすれば、上下左右と多くの衝突が避けられない構造に置かれていました。会社全体を動かせるような立場ではそもそもなかったのです。

そんな一部長にすぎない私が、入社した途端に会社全体を大転換しようとしたのですから、どれだけ強烈な風当たりに晒されたかはご想像いただけるかと思います。

私がＵＳＪでＣＭＯ（マーケティング部、マーケティング企画部、営業部、法人営業部、クリエイティブ部門、エンターテイメント部などを統括）となり、社長に次ぐ権限を得たのは、入社から2年も経った２０１２年からでした。しかし最初の2年間でＶ字回復への主な仕込みはとっくに完了していましたので、私がＵＳＪを変えたのは実はＣＭＯとしてではなく、その一部長という立場でほぼやり切ったというのが実情です。「大戦略・三段ロケット構想（拙著『ＵＳＪのジェットコースターはなぜ後ろ向きに走ったのか？』参照）を作り上げた時も、「映画だけ」のブランド・ポジショニングを変えた時も、エンターテイメントの制作プロセスを消費者目線に変えた時も、４５０億円の「ハリー・ポッター」をやる決断をさせた時も、私は一部長にすぎませんでした。

私がたまにやらせていただいている講演会などには、そういう事情をよくご存知の方が聴きにきて下さっていて、冒頭のようなご質問を非常に多く受けます。普通のサラリーマンの立場で組織を変革するにはどうすれば良いのか、その秘訣を質問する方々の私への期待の眼差しは、とても真剣で熱意にあふれています。

この質問が焦点を合わせようとしている問いかけは非常に重要なのです。なぜならば、社長や役員のように強い職務権限を持っている人間は組織のほんの一部ですし、部下を持たない人は多くいても、上司を持たない人はほとんどいないからです。真実は、**圧倒的大多数は「下の立場」で組織に向き合っている**のであって、組織の課題がもしも社長や人事部目線の話だけであれば、大多数の読者にとっては自分自身に置き換えてピンとこないでしょう。

むしろ「使われる立場」である圧倒的大多数の組織人が、「どうすれば変えられるのか？そのために何を目指せば良いのか？」という指針を理解して初めて何らかの変化に繋がるはずです。そう考えて、本章からは「一人の普通の立場の人間ができることは何だろう？」という視点に焦点を合わせ、私なりの所見を体系化し、そのご要望にできる限り応えたいと思います。

「下の立場から上のやることや組織を変えるなんて不可能だ！」と言う人は多いです。確かに職務権限無しに組織に影響力を行使して物事をより良く変えるのは簡単ではありません。

しかし私の経験と知見に基づく結論を申し上げますと、**下の立場からでも組織をより良く変**

えていくことは可能です。より正確に言えば、下の立場からでも「変えられること（変えるべきこと）」と、「変えられないこと（変えるべきでないこと）」の両方があるのです。下の立場のたった一人の人間でも、変えられること（変えるべきこと）を見極めれば、やりようによっては変えられますし、少なくとも組織において意味のある変化のきっかけになることはできます。

この「変えられる」という私の結論を信じるか信じないかは、本書を読んだ後の読者一人一人のご判断に委ねましょう。ただ私自身はそう信じることで実際に「下の立場」でも多くのことを変えてきました。要するに「そのスキル」の存在に気が付いて、意識して磨くかどうかの話なのです。

私は大学を出てP&Gに入社しました。もちろん会社組織の最底辺からのスタートです。ただ、生まれつきのやんちゃな性格のせいで正しいと思ったことがあれば、上方向にも随分と吠えたり噛みついたりして、後で考えると明らかに不必要な衝突を繰り返し、幾度となく大失敗の死山血河を積み上げました。私が正しいと思っているだけでは権限が無いので何も変えられず、周囲への押し出しに失敗すると私個人は少なからずバック・ファイアを受けて大なり小なりの火傷もします。受ける怪我の具合は暴れた程度によりますが、戦に負けて精神的なダメージを負うのはそれなりに痛いものです。

しかし強烈な目的意識にドライブされると「自己保存の本能」が麻痺してしまうこの厄介な性格のおかげで、私は懲りることがありませんでした。変化の起点になりたい人には「打たれ強さ」は重要です。おかげさまで、若い時からこの分野の経験値は、賢く上手に立ち回れる人々には無いスピードで蓄積を遂げていきました。組織の中でイノシシのように走り回り、エネルギーレベル高く過ごすことは、短期的には損をしているようでも、実は中長期的には大変なプラスとなりました。怪我の多いイノシシではありますが、それだけ場数を踏めばさすがに多くを学ぶものだからです。「やっぱりこの展開になると失敗するのか…」「この人のこの地雷は読めなかった！」「ここをこう抑えれば上手くいくのか！」といった、上下左右を巻き込んで何かを変える経験値をずいぶんと蓄積できたと実感しています。

また、職責が大きくなるにつれて、逆に上の立場で下から提案される機会もどんどん増えて、「上として買いやすい提案とは何か？」というインサイトも蓄積することができました。この件に限らず、逆方向から物事を診ると両方の視点で本質がより明瞭に見えてきます。下の立場でイノシシのようにぶつかりまくっていた頃の私がそれらを知っていたのであれば、もっと多くをより早く変えることができただろうと思います。

本章から10章までを使って、上下それぞれの視座を合わせたアドバイスをまとめて、いちサラリーマンとして私が下から組織変革を続けてきた成功確率の高い秘訣をお伝えします。これを読んだ皆様は一様にこう感じると予想しています。「え？　これってマーケティングの手法じゃん!?」と。その通りです。**自分が売りたい「提案」を上に買わせるのは、社内という市場を開拓するマーケティングです。**自分が起点になって組織を変える力、それはまさに社内マーケティング。組織改革に限らず、あらゆるご自身の提案を社内で通すときに有用な考え方です。私が頭をぶつけながら行き着いた結論「社内マーケティングのフレームワーク」をお伝えします。

社内マーケティングのフレームワーク：5ステップ

❶ 組織文脈の理解　まずはゲームのルールを理解する！（本章）
❷ 目的　勝つ確率の高い戦いを設定する！（第7章）
❸ WHO　ターゲットは実は2つある！（第8章）
❹ WHAT　便益も2つそれぞれを明確にする！（第9章）
❺ HOW　言いたいことを相手が聴きたいように話す！（第10章）

2.「顧客視点」でなければ提案は売れない！

あなたの提案の「審判」はフェアではない

人は自分の考えがある時に、意識して訓練しないと狭い主観に囚われてしまいます。言い換えれば、自分に都合良く物事を捉えてしまうのです。また、自分の考えは正しいはずだからそれを理解できない上司や会社はダメな連中だというアングルで、自分の考えを受け入れない相手を否定し、自分自身を肯定したい動機に支配されそうになります。これは程度の差はあれ、誰しもが無意識で影響を受ける性質です。なぜならば、これも人間の自己保存の作用だからです。

しかし、実際には判断する基準となる視点が変われば、自分が考える正しい意見が正しくなくなることは頻繁に起こります。視点によって「目的」が変わるからです。目的が変われば、戦略と戦術の選択も同時に変わります。目的のレイヤー（階層）によって戦略も戦術も変わっていき、組織においては常にその上位の目的が優先されるからです（詳しくは、拙著『USJを劇的に変えた、たった1つの考え方』の戦略に関連する記述を参照して下さい）。

下の階層としては「これはおかしい！」と思うことでも、上の階層としては「全体としては正しい」ということはあり得るのです。

1つ例を挙げますと、新米の私がP&Gで担当した最初のブランド、シャンプーの「リジョイ」での話です。私の上司であるブランド・マネージャーと一緒に、ヘアケア本部長にリジョイへの広告宣伝費の増額を申請したことがありました。私の目的は担当するブランドのシェアを高めることですので、私は確度と質の高さに自信を持てるプランを作って宣伝費増額の必要性をハードにネゴりました。しかし、予備資金は、私のブランドではなく、より優先順位の高いブランドの「平凡なプラン」に投下されることになりました。当時は、夜も眠れないくらい悔しかったことを覚えています。それくらい必死に工夫して練ったプランでしたから。

しかし、何が正しい選択なのかという命題を追求すると、私のブランドにとっての正解は必ずしも上位組織（この場合はヘアケアカテゴリー）の正解とは限らないのです。当時のヘアケア事業部の責任者の目的は、自社カテゴリーの売上を最大化させることですから、たとえ平凡なプランであったとしても大きなブランドでリターンを大きく取りにいく選択は、彼の目的に対しては私の担当ブランドのシェアを伸ばすことよりも正しいのです。

組織をより良く変えたり、ビジネスで良いアイデアを思いついたり、何らかの提案をしたいと思った時、まず考えなければならないことがこの点。それは「その提案が誰の目的にとって正しいのか？」という視点です。その提案は、果たしてあなたの提案を買う人（決定権限のある人）の目的に適っているのか？　自分の目からは重要と思える提案も、実はあなたが勝手に良いと判断しているだけです。動かないルールの1つ目は、**決定権限のある人(Decision Maker)の目的次第で判断が為されること**。このことをまず忘れてはなりません。

したがって、審判（意志決定者）がボンクラだった場合は、組織は非常にまずいことになります。審判が目的の設定や解釈を間違えていたり、あえて意図的に間違えたりすることも少なくありません。意図的に間違えるというのは、審判も自己保存の生物ですから、組織全体としての正しさよりも「審判個人にとっての正しさ」を優先する場合が多々あることを指します。対処法は後述しますが、二律背反においては公ではなく個を優先する人間の性質を理解しておくと、**審判は必ずしもフェアではない**と最初からわかった上で策を考えることが大事です。

必要なのは、自分に矢印を向ける覚悟

提案を通すことが苦手な人に共通するスキル不足は、まず「自分の視点でしか物事を視て

いないこと」です。総じて、自覚無しに視野が狭すぎるのです。自分の言いたいことだけで頭が一杯になり、相手のアジェンダをほとんど意識して考えることをしない。

もっと具体的には、**集中して相手のアジェンダを推理・洞察する「時間」をしっかりと確保していない**のです。何となく思いついたことを周到に武装もせずに相手に伝えて失敗している様子は、原因と結果が当然の相関になっています。かつての私もそうだったので、状況も気持ちもわかるのですが、これではプロとしてあまりに幼稚すぎると自覚することから反撃は始まります。

相手のことを深く考えないで相手を従わせることができるのは、強力な職務権限で人に何かを強制できる一握りの人だけです。下の立場から変えたい人は職務権限には頼れないので、別の強力な武器が要るのです。そう、我々には「スキル」が必要です。上の人よりも頭を使わなければ、「下の立場」から何かを変えることはできません。

にもかかわらず、視野が狭いだけならばまだしも、もう少し悪いケースになると中には「わかってくれない」「会社は理解してくれない」と、すぐに大きな不満を抱えてしまう人がいます。まるで自分の提案を買う義務が上司や会社にあるかのように勘違いしているのでしょうか!?　頑張っている自分がこれだけちゃんと考えたのだから、それはちゃんと理解され尊重されるべきだと!?　その勘違いは、相手への依存であり甘えであり、プロとしては失格です。私にもその類の痛い覚えはありますが、そういう甘さが少しでも芽を出したら「脆弱、脆弱!!」と自分に喝を入れるようにしてきました。そんな脆弱さでは何も変えることはできないからです。

もちろん、上司や経営幹部の心構えとしては、下から意見を引き出すことは極めて重要で、第5章の「意志決定システム」の項でその点を私は力説しました。ただしこの章のテーマは「下の立場で何かを変えるには何が必要か？」ですから、下の立場で自分自身がコントロールできる領域、つまり個人技である〝スキル〟に論点を絞りたいのです。それは自分の言いたいことを伝えるのではなく、「自分の言いたいことを相手が買いたいものとして伝えられるか？」という個人レベルの能力。これが提案を仕掛ける側の持つべき「社内マーケティング」のスキルです。

マーケティングの真髄は「顧客視点（消費者視点）で考えること」だと、私はあらゆる機会で力説してきました。売り手の都合で買わせようと考えても、結局は顧客の求める価値と合致しなければ買ってもらえないので目的は達成されません。その時に「消費者はわかってくれない！」と買い手を非難する人間がいれば、とんでもなく間違った認識だと、きっとご理解いただけるかと思います。しかしながら、先ほどの「わかってよ！」発想はそれをダイレクトにやらかしているのです。これはプロとしては実に幼稚でみっともない。

そういう人は、自分自身が実は、自分という商品を会社に売っている営業だという認識が頭の中に無いのです。会社はお金（給料）を払って自分を買ってくれている顧客にもかかわらず、逆に自分がお客様か何かのつもりできっと勘違いしているのでしょう。だから他人や会社のせいにして、自分自身に矢印を向けない。お客様は神様ではないのでしょうか？

自分の部下でそういう勘違いしている人を見つけると、私はその間違ったマインドセットを徹底的に修正します。その人が**プロとして成功するために真っ先に必要なのは、自分に矢印を向ける覚悟**です。会社が理解してくれないのは、自分の力が足りないからだと、まずは認める。文句を言うだけで思考や行動が停止する人とは違って、矢印を自分に向ければポジティブな変化が起こります。何が足らなかったのか？　次はどうすれば良いのか？と。自分自身が学んで成長するチャンスを得ることができるのです。

もちろん、どんな組織でも永遠にマゾヒスティックに耐え続けろとは言いません。しかしながら、その組織に身を置く限りはプロとして自分に矢印を向ける覚悟がなければ、個人として成長せず、毒だけ吐いて貴重な人生の時間を浪費し、自分が損するだけです。私ならば、そうやって腐っているくらいなら最終手段のスイッチを押します。自分の力を活かせる組織を探して旅立つのです。

「そんな誰もが簡単に転職できるわけじゃないよ」という声はあるでしょうが、自分に矢印を向けない人ほどそう言います。申し訳ないですが、自分に矢印を向けて研鑽を積み重ねていれば、いざという時に転職するのは難しくはないのです。もし転職する勇気がなかったり、しようとしてもできなかったり、そのような場合には覚悟を決めましょう。プロとして居る限りは、自分の組織モラルを下げる毒は吐かずに、その組織を少しでも良くしていくために、自分に何ができるかを前向きに考えましょう。何よりも自分自身のために！

3．変えられること、変えられないことの違いはどこに？

第一関門は、組織の目的や戦略に適うかどうか

組織の目的と戦略に合致する提案は通りますが、合致しないものは通りません。前者は「変えられる提案（変えるべきこと）」であり、後者は「変えられない提案（変えるべきでないこと）」です。変えるべきでないこととは、組織全体の目的や戦略の観点で見ると正しくないことであり、どれだけ強く主張されようが変えてはいけません。先ほどの私のリジョイ

の例もこれに当てはまります。つまり、上位組織の目的や戦略に合致しないことは、その上位組織の目的や戦略そのものを変えない限りは、提案しても通らないということです。まずはこのルールをしっかりと覚えておきましょう。

では、変えられること、つまり変えるべきこととは何でしょうか？　それはコスト（リスク）とリターンのバランスにおいて、組織の目的や戦略の達成確率を純粋に高くする提案です。そのような提案が上がってきた時、リーズナブルに健全な組織であれば、その実現に向けて動き出します。つまり**提案の成否は、まずは組織全体の目的や戦略に適うかどうか**が最初の分かれ道なのです。まずはその提案が、組織全体の目的に対して十分に大きいメリットを生み出すのかどうか？　そしてその次に重要なのは、その提案にかかる「コスト」がそのメリットに見合うのかどうか？　仮に大きなメリットを生む提案だとしても、コストやリスクが大きすぎると判断されれば、その提案は否認されるでしょう。あるいはリスクが大きいので保留（今は決めない）ということになるでしょう。

「組織全体の目的と戦略に適うのか？」という視点は第一義的に考えねばならないのですが、この判断を明確にするのが実際には大変である場合が多いのです。そもそも組織全体の目的も戦略も無い、明確になっていない、あるいは上層は持っていても会社全体として共有されていない。そのような会社が山ほどあるからです。売上の数値目標というかノルマだけが上から落ちてくるけれども、その背景にある全社のビジョンや戦略がよくわからないという人は多いのではないでしょうか？　私も「弊社の戦略は日々の売上ノルマの達成です！」と真顔でおっしゃる社長にお会いしたことがあります。これは名のある企業ですから関係者の未来が心配になります。

上場企業であれば、株主に対しての説明としてのビジョン、目的、中期計画などはＩＲレポートとして公表されています。しかしながら、そのような抽象的にすら思える上位目標は、仮に明確であったとしても、目の前の提案の是非を推し量るのには大きすぎて役に立たない場合が多いのです。しかも、会社によっては、外向けのそのような全社戦略は当たり障りのないものを用意しておいて、実際の内側をドライブしているものは別にあり、それが現場レベルからはよくわからない。多くの会社ではそれが誰かの頭の中にあるだけであったり、権力者のその日の気分でコロコロ変わったりします。そうなると、明確で一貫した全社戦略の理解は困難を極めることになります。

会社全体からカスケード・ダウン（下方展開）されていく目的・戦略・戦術が、組織のどの階層からも明確でわかりやすく設定されている会社と比べて、このような「戦略不明!?」な企業組織では、良い提案が作りにくい構造になっていると言えるでしょう。下から変える「社内マーケティング」の難易度が高い会社です。

ちなみに、このような会社では戦略的な議論をほとんど誰もしていませんし、戦略が無いのでパフォーマンスを測定する客観的な評価の軸が無く、重要なはずの人の評価でさえ「結果」に基づくのではなく「情緒」でやっています。昔のUSJもそうでしたが、上司の好き嫌いで人を評価しているのです。このように戦略なき組織は、自己保存が野放図に暴れまくることを許す仕組みを内包します。もしかして日本の半分以上の会社は「戦略不在」なのではないかと思うくらい、これはよくあるパターンです。

このように社内マーケティングの際に、会社全体や上位組織の目的と戦略（≒優先順位）がわかりにくいことはよくあります。この問題の対処法は第7章の「3．目的や戦略があいまいな組織でやるべきこと」で述べます。

実は社長も「自己保存」の生き物

「うちの会社は誰がどこで決めているのかさっぱりよくわからないのです！」という悩みを異口同音に高頻度で聴きます。大きな問題であれば社長や会長じゃないの？と普通は思いますが、トップですら意志決定者として機能していない会社がどれだけ多いかをまず知らねばなりません。ここで少し「社長」が置かれた構造上の事情について解説しておきましょう。

オーナー社長（株の支配権を持つトップ）やカリスマ社長（組織で図抜けた権威を持つトップ）がいて、そこでバシバシ何でも決まる会社はむしろ少数派です。この圧倒的なトップがいる会社のリスクは、そのトップが頑迷に陥ることや、「独裁者型組織」の弊害で幹部や社員が頭を使わなくなることです。しかしながら、組織における意志決定の重心が明快であることは、誰がどこで何を決めているかさっぱりわからない会社や、何も決められない会社よりも遥かに優れています。仮に独裁であっても「意志決定できる会社＞意志決定できない会社」であることは大前提です。

多くの会社のトップにいるのはむしろ「サラリーマン社長（叩き上げ社長や雇われ社長）」であり、代表取締役の責任に根差した職務権限は持っていても、実質は〝サラリーマン的〟に何でも一人で決められるわけではないのです。端的に言えば、社長にも上司がいるということです。それは株主であったり、親会社の上層であったり、院政を敷く実質的な権力者であったり、事情はさまざまですが、共通しているのはこの社長の人事権に強い影響力を持つ人が他にいることです。忘れてはならないのは、社長といえども人間であり、自己保存の本能に根差した行動から離れられない宿命を背負っていること。その意味では社長も普通の人間と本質的には変わらないのです。

ちなみに「決められない社長」の出現率が高いのは、比較的大きな規模を持つ企業グループの子会社です。企業グループにおける子会社のトップは、社長という肩書なので誤解されやすいのですが、その構造上の実質はむしろ中間管理職に近いでしょう。

もちろんサラリーマン社長の中にも、「決められる社長」から「決められない社長」までさまざまな人がいますので、私が一概にサラリーマン社長の意志決定力を否定的に見ているわけではありません。しかも決められないのは本人の資質だけの事情でもなく、業績で信頼を失えばもちろん、嫌われるだけでも首を取られる構造にあるために、サラリーマン社長が気を遣う相手は非常に多いという現実を知っておかねばなりません。正確には、どの社長にも決められることには「限界」があるということです。その限界の大きさが、本人の資質と置かれている事情によってバラつきがあるというのが実情でしょう。

例えば、私が知る一人のサラリーマン社長は立派です。構造上は親会社からの非常に厳しい縛りで大変なのですが、非常に強い個人資質でその限界を大きく拡げようとしています。しかし、その逆のパターンも多い。構造上はもっとできるだろうと思える環境でも、周囲に気を遣いすぎるのか、自己保存の本能が強すぎるのか、芯の無い「決められない社長」はたくさんいるのです。

こういう「決められない社長」のいる会社では、社長ですら「決められない」のですから、幹部やミドルの意志決定力も非常に弱いのは当然です。観察して驚くのは、個人が責任を回避したいために誰が決めたのかをあえてわからないようにしているのではないか!?と疑いたくなるかのような実情です。まるで死刑執行のボタンを刑務官複数名で同時に押すような「集団合議制??」で、本当は誰がどこで何を決めたのかが本人達にもわからないブラックボックスになっています。

もちろん会社である以上は、形式上の意志決定機関は存在します。最終的には取締役会で議決を行うことで意志決定を行っているように見えるのです。しかし本当に取締役会で物事が決まっているのではなく、実際はその前に誰かが決めたことを事後承認しているだけです。

よくあるパターンで考えてみましょう。事前に関係者間であらゆる根回しによる調整を経て、既に丸まったプランがトップに上げられて概略と関係部門がＯＫなことを確認するだけで追認し、取締役会でも実質的な議論も無く承認された場合…。一体どのタイミングで、誰が、実質的な意志決定を行ったのでしょうか？　下から変える際に知りたいのは「個人名」なのですが、それが非常にわかりにくいのです。ここで大事なのは、実質的にプランが形成されるトップに上がるまでのプロセスですが、その「関係者間ですり合わせて」という部分が非常にブラックボックスな場合が多い。これこそが下から変える際の最大の問題です。

多くの会社において、社内マーケティングのＷＨＯはわかりにくいのです。この問題の対処法は、第８章の「成功のカギはターゲット理解が９割（ＷＨＯ）」のパートで述べようと思います。

組織文脈を理解するための3つの切り口

最後に、社内マーケティングのフレームワークにおける組織文脈を理解する切り口をまとめておきます。具体的には、（1）関連する組織の目的と戦略、そして（2）誰が意志決定者なのか。この2つを軸にして探っていきます。組織によってはそれぞれ不明瞭であれば、どの階層の何がわからないのかを明確にします。目的なのか、戦略なのか、意志決定者なのか、何がわからないのか？　そして「わからない」も3段階の問題に仕分けできます。それは単にあなたが知らないだけの場合、本当に「無い」場合、あるけれど正しく運用されていない場合。どれに該当するのか、自分が置かれたケースを分析してみます。

本来は組織全体の目的・戦略から最前線までカスケードダウン（下方展開）される戦略の全てと、意志決定者や影響力のあるキーマンをできるだけ把握しておくべきですが、大きな組織になると構造が複雑で登場人物も多すぎるため、あまり時間的に現実的だとは思えません。したがって私がオススメしているのは、少なくとも自分が直接属している組織を中心にして、上方向へ1段階（上位組織）と下方向へ1段階（自分の組織の戦略に影響される下位組織）の合計3階層くらいの目的・戦略・意志決定者を知る努力を日頃からしておくということです。以下の3つの質問に沿って考えるとわかりやすいかもしれません。

組織文脈を理解するための3つの質問

❶ 自分の属する組織と、上位組織、下位組織、それぞれの目的と戦略は何か？

❷ それぞれの重要事項における意志決定者は誰なのか？

❸ 上司と、その上司、それぞれの評価が何によって決まるか？

下位組織も視野に入れておくのは、提案による何らかの変更が与える組織インパクトを最初から想定できていることが前提だからです。

職務権限で弱い立場の者は、知恵のみで強い立場の人を動かさねばならず、情報は常にその土台となります。情報力への投資は必須です。

第二部

社内マーケティングのススメ

「下」から提案を通す魔法のスキル

第7章

あなたは一体何を変えたいのか？

（目的の設定）

1．その提案に「大義」はあるのか？

組織文脈がある程度わかった上で、次にやるべきことは、あなたにとっての「提案の目的（社内マーケティングのステップ2）」を明確にすることです。その提案によって「一体何を達成したいのか？」という目的が明瞭であるか否かは、その後の成否にダイレクトに関わってきます。提案の目的をできるだけ明確に定義して、文字にして書き出してみましょう。この目的をどう定義するかによってその後に提案が通るかどうかの最初の分かれ道になります。結論を申し上げると、提案が通る「確率の高い目的」を選ばなければなりません。その確率を高くする最大の条件は、「目的を意志決定者と共有できているか」です。

わかりやすい例として、平社員の田中さん（仮名）が自分達の後方支援をしてくれる実務スタッフをチームに1名増強する提案を上司である営業課長に申し入れるケースで考えてみましょう。田中さんの発想は「営業現場は雑務で大変だから省ける事務仕事くらいは何とかしてもらいたい！」という追い詰められた素朴な想いであったと仮定します。この時、田中さんが考えなくてはいけないのは、その「提案の目的」の明瞭な定義。田中さんのスキルが低かった場合にやりがちなのは、目的を「営業現場の煩雑事務を効率化すること」などにしてしまうことです。これではマズイ。何がマズイかわかりますか？

これでは田中さんの営業現場を救うことが目的となっており、それ以外の人にとってはメリットがわからない。直接関係が無い人には「どうでもよいこと」になっているのです。もし営業課長に採用人数を自在に決める決定権があるのであればそれでも良いかもしれませんが、たいていはそうではありません。そのチームの採用人数の決定権はその1つ上の組織長が持っていればまだマシで、よくあるパターンはその2つ上くらいの組織階層での決定事項です。その遥か上から田中さんの提案を眺めてみると、その一営業拠点の事務の煩雑性の改善などは些末なことにしか見えない。その意志決定者にとって全くメリットが見えないので仕事として優先順位が高くなるはずがなく、貴重な人件費予算を投下する理由になるわけがない。したがって議論もされずに無視されることになる。あるいは課長にもそれがわかるので上に持っていくことすらしないで終わるのです。これは田中さんにとっては残念でしょうが、自身のスキル不足による幼稚な自爆というしかありません。

この場合大事なのは、営業現場の事務を効率化することによって「営業現場を超えた上位組織にまで何が良いことがあるのか？」という視点です。その事項の意志決定者の目的に合わせたメリットを明確にしなくてはなりません。意志決定者（この場合は営業部長としましょう）の目線で何が良いことがあるのか？　これを目的として選びます。そうすると、目的の定義が明らかに変わってくるはずです。部長にとって重要なのは部全体の「売上の伸長」ですから、田中さんは事務スタッフが増えることがどうして部全体の利益に繋がるのか、太いロジックを必死に考えるべきです。

例えばですが、私が課長や部長にこの提案を売り込むとしたら…。「目的は部全体の売上を2桁で伸長させることです。その手段として、煩雑化している営業事務の集約による効率化を図り、展開している営業マンの実質的な活動時間を20％増強する。部全体にいきなり展開する前に、その実験としてまず課長のチームに事務スタッフを1人だけ増員してみて、営業マンの活動展開レベルを最適化して効果を測定しましょう。その実験の指揮をぜひ私にやらせてください！」などでしょうか。こちらの方が部長にはよほど聴いてもらえるのではないかと思います。

このように、目的の明瞭な設定とは、自分自身のメリットではなく、意志決定者のメリットを探して選ぶということです。言い換えれば、意志決定者のメリットになるように、自身の提案の目的をポジショニングするということ。そう考えると、組織全体や意志決定者にとってのメリットを生み出さない提案を上げても無駄だということもわかると思います。

これは考えれば当然で、提案とは自分が属する組織を良くするために行うのであって、自分のメリットを提案するのはそもそも間違っているのです。困っている人が自分目線でお願いに行くのは、提案ではありません。「陳情」と言います。提案とは相手にメリットのある話を持っていくことであり、陳情とはこちらのメリットを相手にお願いすることです。地元有権者と政治家の関係ならいざしらず、会社組織はプロの世界ですから「陳情」してはいけません。上司に陳情してもまず通らないのです。

そのために日頃から会社の目指すものにアンテナをきっちりと張っておく。あなたが何かを「こうした方が良いのではないかな？」と思いついたら、まずはそれが全体のためにインパクトあるメリットを生み出すのか、意志決定者の視点を色濃く想像しながら考える。そのメリットが本当に大きいのであれば勝負です。そうでないならば早く忘れることです。組織にとって大きなインパクトにならないことに時間を使うことは、組織人として全く正しくありません。会社のために別のもっと良い〝大義〟を考えましょう。

2．上司と目的を共有しないと報われない！

そしてもう一つ。目的を正しく選ぶことには理由があります。組織全体として大事に思われる範囲で「変化」を起こさないのであれば、努力しても実現しないどころか、あなたは評価されも報われもしないのです。むしろ嫌われるか、**どうでもよいことに文句ばかり言っている問題児と思われる**のが関の山です。

逆に、上からのプレッシャーに日々耐えて「売上を何とか上げる方法はないかな」と悶々としている上司が構えているキャッチャーミットに、あなたがしっかりと考えた提案を投げてきたら全く話は違います。その上司にとってあなたは「できる人間」として認識されるのです。それで成果を出せば、まさに「金の卵を産むニワトリ」として重用されるでしょう。上司も人間ですから、自己保存を助けてくれる人間を重宝して評価し、情緒的にも好きになるという習性を持っています。

一方、どうしてもあなたが組織全体のために重要だと思っていることを、意志決定者がそうは思っていなかった場合、この局面は非常に注意深く手を打たねばなりません。順番を間違えると自爆することになります。**この局面で最初にやらねばならないのは、目的の共有化であって、提案そのものを売り込むことではない**のです。

あなたの策が達成しようとしている目的を、その意志決定者自身が重要だと心底思うようにするのが先です。これは時間をかけて、タイミングと方法をよく考えて、じっくりとやるのです。その目的を共有できていないのに、自分が重要だと思う提案そのものを何度もプッシュすると、キャリアの深刻なリスクを負うことになります。評価されるどころか、粘った分だけ嫌われるでしょう。

実例としては、私がＵＳＪのブランド・ポジショニングを「映画だけのテーマパーク」から解放して「世界最高のセレクトショップ」に変えて、あらゆるジャンルのエンターテイメント（アニメやゲームなど）をパークに取り込もうとした時もそうです。その具体策を社内で売る前にやったのは、集客を倍増させるという目的そのものを売り込むことでした。ブランド・ポジショニングの具体策から話しても、そもそもマーケターでもない限り、上司や同僚が最初から理解できるはずがなく、むしろ「変えること」への抵抗感を増幅させるだけだからです。

もしもその順番を間違っていたら、おそらく今のＵＳＪはなかったでしょう。私はまず、ＵＳＪというパークの成長可能性を、宇宙共通語であるロジックと数字で論証して信じさせ、その目的を大いなる魅力として共有することに集中したのです。その目的が共有された後に、実現する手段として「映画の専門店は廃業して、世界最高のセレクトショップで行きます」という話をした。既に共有する目的を達成するために必要だという文脈で提案を相手に見せれば、賛同してもらえる勝算は格段に高まるのです。

どのような変革も提案も、意志決定者と目的を共有できていなければ、独りよがりで損だけして終わります。そうならないように、自分の組織を取り巻く環境を診る視野を最低でも1段階拡げるクセをつけて、上司やその上司が何を求めているのか日頃からできるだけ時間を取って理解するようにしておくのです。

これは会議や小人数で会う時に関連付けて質問をする、あるいは月に1度くらいの頻度でランチに誘って、相手の頭の中にあるベクトルを常時アップデートしておくなど、日常のルーティーンとしてやるべきです。そうすれば自分のやりたいことが見つかった時にどう目的設定すべきか見当がつきやすくなりますし、身近にいる上司たちをいざという時にサポーターに引き入れるのにも、日頃のコミュニケーションが大きなプラスとなります。これには上司の頭の中におけるあなたのマインドシェアを高める効果もあるからです。日頃からちゃんと話している部下の印象がどうしても良くなるのも人間の習性です。

ちなみに私も、元来の人見知りなので人と食事をすることに乗り気ではなかったのですが、イノシシ生活でずいぶんと頭をぶつけた結果、それらのことにやっと気が付きました。関係構築の時間と言ってしまうと意味がわからなくなりますが、それは私にとっては「情報取得のための投資時間」です。やりたいことを実現するためには、自分にとってのキーマンの頭の中を知っておく、またキーマンの中での自分のマインドシェアも高めておく。そのための最低限の時間の投資は重要だと経験で悟りました。

それでも私は、アフター5はできるだけ仕事関係に使いませんが、20代後半からランチタイムは自分の上下左右のベクトルを理解する時間に充てることが習慣化しています。相手も同時に私のベクトルを理解できるのもプラスです。やり方はいろいろあるでしょうから、自分のスタイルに合った方法で情報を得るやり方を確立すれば良いのだと思います。

3．目的や戦略があいまいな組織でやるべきこと

第6章で述べたように、自分の組織の目的や戦略が本当にわからない場合があります。自分が知らないだけで無いと思い込んでいる場合もありますし、明文化していなくても伝統的な意志や暗黙知として存在している場合もあります。いずれにしても、それをちゃんと理解しようとして聞いても調べてもどうしても不明なのであれば、おそらく明確なものが本当に無いのでしょう。

そういう場合はどうするのか？　まだ策はあります。結論からお伝えしますと、3つの切り口で、その組織において大義となる目的・戦略を推理するのです。

❶ 意志決定者が何に困っているかを調べる
❷ 組織に色濃い不文律や暗黙知から探る
❸ 普遍的な経営のキーワードから仮定する

この3つを理解するために、そもそも目的・戦略の効用が何なのかをおさらいしましょう。目的は組織活動の最上位概念で全ての戦略にとっての至上命題です。その目的達成のために戦略は作られて、会社の重要な経営資源（ヒト、モノ、カネ、情報、時間、ブランドなどの知財）を配分する焦点を決めます。戦略は「やるべきことを決めている」とも言えるのですが、その本質はむしろ「やらないことを決めている」のです。前述した事例で、平社員の田中さんの提案が上位組織の目的や戦略に合致しないのであれば、そもそも提案そのものを止めた方が良いと言いました。ちゃんと機能すれば、そのように組織にいる人々が戦略で定めた領域に努力を集中するようになり、戦略に合致しないものは逆に避けるようになる。それが戦略の効果です。

であるならば、目的・戦略が明確な組織では提案が求められる範囲が限定されているのであり、目的・戦略が不明確な組織ではその範囲が限定されていないということです。前者は、提案の焦点が明瞭になるので提案を作りやすく売りやすいと言えます。転じて後者は、悪く言えばどの範囲の提案が求められているのか見当を付けにくいのですが、良く言えば「提案できる幅が広い」組織の可能性もあるのです。何でもありとは言えませんが、意志決定者がその時に求めているものに合致しさえすれば済むかもしれません。したがって、たとえ戦略なき組織だとしても、簡単に希望を捨てないことです。私ならばそのような組織では、かつてのUSJでもそうしたように、魅力的な目的と強力な戦略を〝提案〟するところから嬉々として働きます。チャンスです（笑）。

さて、自分の属する組織の戦略がよくわからない時、あるいは戦略は書いてあるけれどもそれとは無関係で実際の運営が為されている時には、このようにしましょう。

1 意志決定者が何に困っているかを調べる

まず、「戦略」という言葉が通用しない組織では、2つの質問で上司とその上くらいまでが考えていることが何なのか、これを調べにかかります。

❶ 上は何に困っているか？（上はその上からどんなプレッシャーを受けているのか？ 大きな項目を理解する）

❷ それら困っていることの優先順位はどうなっているか？（大きな項目ごとの悩みの重要

さの順番)

これくらいは探れるはずです。探った結果、推論の域を出ませんが、上司とその上司の縦軸における「目的と戦略」を仮に想定することができます。できればご本人たちと直接話して、定期的なコミュニケーションを取っておけば、それなりに把握できるはずです。人によって違いはあったとしても、一人の人間の中で考えている本当に大事なことや大問題は、環境が大きく変わらない限りはそんなにコロコロ変化するものではありません。

2 組織に色濃い不文律や暗黙知から探る

歴史の長い組織には少なからず不文律となっている経営哲学が色濃く残っている場合があります。それらを手掛かりに目的と戦略を明確化していくことが有効な場合もあるのです。創業の精神であったり、カリスマの遺訓であったり、その会社らしくあるために経営上層が暗黙知として信じている一定のやり方です。

もちろんその不文律がその組織の発想の妨げになってしまっている場合もありますので、丸のまま全てを神聖視してはいけません。しかしながら、その創業の精神にはその企業が成功してきた原点ともいうべき本質が含まれていることがあります。中にはプロパガンダ目的で作った実を伴わないフィクションもあるのですが、愚直に創業の精神が浸透している会社では、それこそがその組織が強みとすべき特徴である可能性が高いのです。

余談ですが、「創業の精神」は、企業を復活させる際に大いに参考になる場合が多いです。その本質（≒目的や戦略）をよく理解して抽出し、その本質を実現するための方法論（≒戦術）は、時代に合わせて思い切り変えてアップデートします。そもそも「創業の精神」は、創業者世代にとっては目的であり戦略であって、決して戦術まで細かく縛る意図ではなかったはず。その時代にはたまたまその方法を使って目的を実現していただけなのに、後世においてそれを頑なに守ることに縛られて創業理念を逆に満たせなくなっている会社があります。それでは本末転倒です。目的を果たすためには戦略はともかく、戦術は時代と共に市場に合わせて変えていくことが常です。

「不易流行」という言葉が私は好きです。変えてはいけない部分を守るためには、変えなければならない部分があるというのは、私が直接目にした事案でも腑に落ちるビジネスの真理だと感じるからです。例えば、ＵＳＪがいつまでも「ワクワク・ドキドキ」したテーマパークであり続けるためにも、「映画だけ」という間違ったこだわりは変える必要がありました。

3 普遍的な経営のキーワードから仮定する

それでも目的がわかりにくかった場合、会社が存続していくための普遍的なキーワードを軸に仮定して考えてみます。例えば、「売上を伸ばす」「利益率を上げる」「コストを削減する」「優秀な人材を採用する」などです。経営主体である限りこれらを喜ばない組織も意志決定者も稀でしょう。他にも、自分自身の職能に期待されている本質的な成果であれば、ほとんどの組織において目的として大義になるでしょう。人事担当ならば「従業員モラルを上げる」であったり、経理担当であれば「節税する」などです。

以上、私がよく使う3つの切り口をお伝えしました。他にもさまざまな切り口はあると思いますが、どんな切り口でも良いので、その組織で「大義」を手に入れるための目的と戦略を、何らかの方法で仮説立てしなければならないのです。提案に際し、組織の目的・戦略に仮説が無ければ、提案に対する人の反応を予測して正誤を判断することもできませんし、その後のプランも立てることができないのです。

まずは、自分が得られる情報をできる限り投入して、意志決定者の頭の中のベクトルを推理するのです。組織の目的や戦略が明文化されてオープンにされている組織では、そこまで苦労しなくても最初からこの一歩目に踏み込みやすいのはラッキーです。その意味では戦略がわかりにくい組織にいることは不利な気もするのですが、まずはそこでトライしましょう。そうすると実は良いこともあります。戦略がわかりにくい組織では、次の第8章で詳述するターゲット分析（Target Analysis）の修行も同時に猛烈にすることになるので、社内マーケティングの経験値はむしろ非常に貯めやすいのです。

例えば、かつてのＵＳＪも戦略が無い会社でした。私の入社当時も、「アジアNo.1のエンターテイメント・カンパニーになる」という壮大な目的は既に掲げられていましたが、どうやってアジアNo.1に辿り着くのか、その道程となる戦略を誰も明確に語れませんでした。オリエンタルランドが年間３０００万人を集客するのを横目に、ＵＳＪは７００万人やそこらでアップアップして割引クーポンを乱発しても集客が維持できないような状況でした。「アジアNo.1」はあまりにも遠く、誰も本当に実現できる目的だとは思っていなかったのです。しかも目的達成の道筋となる戦略も全く存在していなかった。つまりその目的は単なるスローガンにすぎなかった。会社の体裁のために大言壮語されている（誰も信じていない）目的を掲げている会社も、戦略が無い組織の典型です。

戦略家として言わせていただければ、No.1カンパニーなどとよく考えずに軽々に言わないように注意すべきです。その企業にとってNo.1とは何をもって一番だと定義するのか？　そもそもNo.1を目指すことは本当に正しいのか？　その言葉はもっと厳密なのです。目的に掲げる以上は、辿り着く戦略をセットで必ず打ち立てねばならないのに、その覚悟もこだわりも無い。スローガンだけがある会社は、戦略にこだわらない経営陣であることを組織の内外に晒していることに気付いているでしょうか。その戦略軽視の影響は、中長期視点もなく目の前のことだけを追いまくって、上から下まで社員が一貫性に欠けた行動ばかりするようになります。

さて、かつて戦略が無かったＵＳＪに入った時に、私の「仮説立て」の手掛かりになったのは、既に掲げられていたその〝スローガン〟です。その誰も信じていない〝スローガン〟を達成可能な目的に変えてしまう「魔法のような戦略」を本当に作れば、あらゆる策が通しやすくなると計算しました。「大戦略・三段ロケット構想」は、アジアNo.1になる目的を達成する強固な意志である戦略の縦糸と、目の前の売上を激増できるあらゆる戦術策を実施可能にする横糸の関係が、美しく辻褄が合ってお互いを補強補完するように、丁寧に織り合わせて作りました。

しかしながら、当時は、その戦略もまだ仮説にすぎなかったのです。大成功した今になると当時の圧倒的な違和感は誰にもわからなくなってしまいましたが、当時は大多数が正しいと信じていたことを思い切り否定して真逆に変えようとする〝ぶっ飛んだ提案〟でした。それを私は、自分自身の社内マーケティングのスキルを総動員して全力で売り切ったのです。

苦労するほど経験になります。あの時にはメタルキング10匹分くらいの経験値が貯まったような気がします。

第8章

成功のカギはターゲット理解が9割（WHO）

1. 社内マーケティングのWHOは2つある！

目的と戦略の仮説ができたら、次に重要なのは提案を売り込む的を絞ることです。マーケティングで言うところのターゲットの設定、私はそれをWHO（誰に売るのか？）‥社内マーケティングのステップ3）の定義と呼んでいます。社内マーケティングの場合は、主なターゲットは意志決定者と、意志決定者周辺で判断に影響を与える個人となります。そして**社内マーケティングのターゲットは常に2系統ある**ことを頭に入れておくことが重要です。2人ではありません、2系統です。両系統合わせて合計13人いる場合もありますし、1人で2系統両方の特性を持つターゲットもいます。あくまでも2つあるターゲットの性質を予め念頭に置いておくことで勝ち筋が見えてきます。

組織目的に忠実なターゲット（WHOの第1系統）

このターゲットは、組織全体の目的として正しいことを理解すると賛同を得られる性質を持つ相手です。優れた意志決定者は「組織全体にとっての正しさ」を最重要視しています。

たいていの意志決定者も（本音はともかく）少なくとも建前上はこれが重要であるように振る舞います。また、意志決定者でなくても、意志決定者の判断に影響を与える多くの人々にとっても、この組織の目的と戦略に照らして正しいという視座が響く相手は多いです。

なので、この第1系統のターゲットは意志決定者のみならず、組織の広範囲の人々を含みます。組織における正しさの最大公約数を求めるような切り口になります。誰もが聞いたら「会社のために正しい」と思える便益で、自分の提案を武装することができれば、このターゲットは確率高く説得することができます。また、広く社内世論を味方に付けるためにも、この第1系統のWHOを最初に意識しておくことは重要です。

「自己保存」に忠実なターゲット（WHOの第2系統）

このターゲットは、その当人の自己保存欲求を満たすことで、賛同を得られたり説得できたりする性質を持つ相手です。会社全体に正しいことならば誰もが提案を買うとは限らないのが人間の複雑さです。前の章で申し上げたように、自己保存の動物である人間にとっては、組織全体に正しいことがその当人の自己保存にとっては甚だしく都合が悪いことがよくあるのです。公と個の利害が二律背反する場合です。

例えば、会社にとって相対評価制度の導入が正しかったとしても、それでヤバくなるのは自分自身だと思った既得権層はあれこれと難癖をつけて導入に反対しようとします。あるいは、ライバル部門が活躍を認められて輝くことが相対的に自部門の評価を弱めてしまうと感じた場合は、ライバル部門の足を引っ張りたい衝動に駆られる人もいます。

竹を割ったような性格だった若かりし私は、このタイプの人達を実に下らないと感じて無視することにしていました。しかしその結果、私は何度も本当にひどい目に遭いました。この人達の自己保存に懸ける執念を決して侮ってはなりません。しかも、これは特殊な人間の特異な行動ではないのです。自分自身が脅かされると感じた時に自己保存の方向へ心が動くのは、程度の差はあれ誰しもが持つ人間の本能に根差した行動なのですから。

というわけで、何かを提案しようとした時に、組織視点の「公」で切り取るターゲットだけではなく、自己保存視点の「個」で切り取るべきターゲットが誰なのか、それを意識しておかねばなりません。具体的には「この提案によって自己保存的に反対しそうな個人は誰だろうか？」と、予想できていなければならないのです。そしてその自己保存の発露は、人事的な既得権が脅かされる場合だけではありません。往々にしてよくあるのは、自己保存が「エゴ」の形となって表出するパターンです。

エゴは誰しもが持ちますが、私の経験で厄介だったのは、「自分に関係なく物事が上手く行くのは嫌だ」と思っている〝エゴ〟でしょうか。かつての私も幼稚なクセがあって、自分の作る戦略やプランは完全無欠に練り上げてから上司のところに持っていき、上司からの質問や突っ込みを全て論破防御するスタイルを主としていました。

そういう私の前がかりなスタイルを受け入れてくれる懐の深い上司は上手く私を使うのですが、中には私が頼ったり巻き込んだりせずに剛速球を投げてくることが嫌でたまらなかった上司とも巡り合いました。その頃の私は、何のためにこの人は、そんな反論のための反論のような下らない質問ばかりしてくるのだろうとイライラしていました。当然ですが建設的な議論にはならないです。上司の自己保存の本能としては、自分がいなくても部下がプランを作って結果を出せるのは面白くなかったのでしょう。

今の私であれば、自分の提案にわざと穴をいくつか開けておいて、上司にそこを指摘させて感謝して訂正し、そのプランを上司の付加価値も含めた2人のプランにする、というような芸当もできるのです。しかし当時の私は本当に幼稚でした。男の妬みというものは本当に厄介で恐ろしいものです。この上司は私のやることに何でも反対するのがデフォルト状態になってしまいました。評価も会社のシステムがしっかりしているので理不尽にこそなりませんが、しょっぱいものになりました。全てはその上司の中にある自己保存ベクトルへの対処を私が怠ったせいです。

次に、おそらく誰もが目にしたことがあるエゴの表出パターンを紹介しましょう。意志決定者でもないのに「自分は聞いていない！」が口癖の、ややこしい人は周りにいませんか？事前に自分に相談してくれると内容にはあまりこだわりなく!?機嫌はすこぶる良いのですが、自分が知らないことが会議で話されたりすると、「自分は聞いていない！」と、これまた内容にはあまりこだわりなく反対のための反対を始めるややこしい人です。

仮にどこかの正式な会議で既に議論されていて自分の都合で出席できなかったことが原因でも、その人の部下には事前に伝えていて部内の共有ミスが原因でも、明らかに不機嫌になります。「何かあったら直接自分に来んかい！」という偉そうな態度が特徴です。ただし、この態度は、自分の上司や自分を脅かす強力な人間がいる同じ場では決して見せることはありません。どうでしょう、身の回りに顔がいくつか思い浮かびませんか？

余談ですが、こういうタイプは、自分の下から情報を集めて、上司にまとめて報告するのが仕事だと思い込んでいる残念な人です。下と上の中間に立つ自分がプランに付加価値を加えてもっと良くすることが仕事なのですが、そう思っていないか、付加価値を創り出す能力が無いのでそうできない。仕事そのものへの貢献はほとんどせずに、常に情報伝達の間に立とうとして情報を自分が支配し丸抱えしようとします。部分しか知らない部下達から情報を集めて、その件の全容が自分以外は誰にもわからない状態をつくろうとします。

そして上司と話す時は、全て受け売り情報なのに、まるで自分が全てを取り仕切っているかのように話す。そうやって自分の存在価値を創り出そうとします。したがって、自分を飛び越えて自分の上司のところに行かれたり、自分をパスして情報を回されたりすることは、このタイプの人にとっては自己保存を脅かされる致命的な大問題です。だから「自分は聞いていない！」と必要以上に怒るのです。態度は偉そうなキツネのように見えますが、やっていることは伝書鳩、その正体は〝羊〟なのです。

組織のリーダーであれば、真っ先にこのタイプの人間を〝処理〟しなくてはなりません。その行動を変えさせるか、変わらなければ排除しなくてはなりません。何度も言いますが、自己保存を制御する仕組みが無いから、個人に委ねすぎているから、こんな情報を堰き止める人間が暗躍して組織を毒していくのです。

下から情報を搾取して自分を上司に良く見せようとするだけの存在は、組織コミュニケーションを阻害するがん細胞の一種です。このタイプの人間がいるせいで上司には情報が入ってこないし、部下同士や同僚間で情報共有が進まず、全体像が把握しにくくなる。情報とは、会社にとって極めて重要な経営資源の一つです。それを自己保存のために誰かが占有しようとする行為を野放しにしてはいけない。付加価値を生まない上司は、部下には面倒なだけで、組織にとっても要らないのです。

2．勝ち筋を見つける「ターゲット・アナリシス」の技術

私はP&GでもUSJでもこのタイプのキツネに随分と痛めつけられたので思わず熱が入りました（笑）。ちなみに私のキャリアの実体験では、ニホンギツネもいましたが、むしろアメリカンフォックスとの遭遇確率の方が異様に高かったです。政治力と口の上手さで情報を支配しようとするこの連中は本当に厄介でした。連中は、あらゆる差や条件を自分自身の政治的な力に変換する能力に長けています。

アメリカンフォックスの特徴は、会議に出てくる相手によって言うことや態度がコロコロ変わるが、一貫しているのは「自分が上からどう良く見えるか？」という自己保存のテーマです。その露骨で忠実な徹底ぶりは、多少は体裁を気にするニホンギツネの比ではありませんでした。世間知らずで馬鹿正直なイノシシは何度も何度も頭から罠にハマりました!!（笑）。

結局、人間は自己保存の本能を持った情緒的な生き物です。程度の差はあれ、誰しもが自己保存のアジェンダで動きます。前に書いたキツネほど酷くはなくても、自分を飛び越えて部下が自分の上司と話すと良い気分がしない人はおそらく多数派です。それは自分の存在理

由が脅かされる心理であって、キツネの頭の中にある感情と本質的には同じ。そういう〝人間〟が多数を占める組織においては、「組織にとって正しいことをするのだから、皆が支持してくれるはずだ。支持してくれるべきだ」という考えでは、練乳に蜂蜜を足したよりも甘いのです。そう簡単にはいかないことを織り込んで準備を怠らないのがプロです。

また、公と個の利害は一人の中で往々にして二律背反します。しかし組織のルールは、違法でもない限りは、意志決定者の目的と判断が優先される。そしてその目的には、公だけではなく個のアジェンダが容易に入り込む。あなたが説得しようとしているその相手の頭の中にある「公」と「個」の目的はそれぞれ何なのか？　一人の人間の中にその2つがあることを常に意識しておくことが重要です。

例えば、組織全体にとって明らかに正しい場合でも、絶対的権力者本人のエゴや個人利益に反する提案が簡単に通るでしょうか？　その場合は、その提案によって実現する組織全体のメリットが、個人に対してより大きなメリットを生み出す（失うものよりも）ことを成立させなければ、きっと提案を通すことはできないでしょう。なぜならばその権力者が審判だからです。自己保存に駆られた邪魔が入るのは当然です。

したがって、初めから簡単にいくわけがないので、自分にとっての「勝ち筋」を探すことに頭を使うことに必死にならねばなりません。

「勝ち筋」の第一歩は、自分の提案に敏感に反応するであろう「ターゲット」を前もって想定しておくこと。自分の提案が決定されて実行されるまでの利害関係者の固有名詞を、しっかりと考えながら仕分けしていくのです。誰が支持してくれるか、誰が反対するか？　表立って支持してくれそうな人も、本音は本当に賛成なのか、裏では違う動きをする可能性はないか、その可能性があるとすると理由は何か？　反対する人はそれぞれ誰で、それぞれが反対する理由は何か？　その反対する理由を1つでも事前に消すことはできないか？　反対する人の中で味方にできそうな人、味方にしないといけない人は誰で、その優先順位はどうするか？　そういうことをじっくりと考える…。

コツは、登場人物を最初から、第1系統と第2系統のそれぞれを切り口にしてクロスして頭の中を推理すること。とりわけ、第2系統のターゲットについては、一人一人の理由が大きくバラつきますので、それぞれを洞察するのには精神力と時間が必要です。隅々まで全員をやるのは現実的ではないので影響力が強い順に優先順位をつけます。ちなみに、この第2系統のターゲット分析の優先順位は、第一に意志決定者、第二に意志決定者に影響力を直接行使できる既得権者です。

こうやって事前に想定しておくことで、自身の提案のポジショニングを考え、敵になる人数や影響力を予め削って、事前に味方を増やすための先手を打つ用意ができるのです。戦況を少しでも優位にする確率を高めることができる。そのために、どれだけ鮮やかにターゲットを浮かび上がらせて、的確にその脳内アジェンダを読み解けるかどうかが成功の最大のカギとなります。このスキルを私は「Target Analysis（ターゲット・アナリシス）」という言葉で呼んでいます。社内マーケティングの根幹となるスキルです。

このスキルを磨くには多くの実戦が必要になりますが、経験さえ積めば割と血や肉になりやすい気がします。少なくとも私にとってはビジネス英語の習得よりはよほど早い気がしました。置かれた環境も取れるリスクもそれぞれ違いますから、自分が取れるリスクの範囲でぜひともTarget Analysisの実戦を開始していただきたい。つい一昔前の自分との違いが、きっとわかるようになると思います。

例えると、自分の車一台の操縦で精一杯だったのが、その前を走る車の運転手の利害や心理を考えられるようになり、さらにその前や自分の後ろの車、左右の車も把握できるようになり、いつの間にか何をするにしても自動的に周辺20〜30台くらいの車のそれぞれの動きと性格を上空から俯瞰して把握できている状態になります。そうなれば、何を提案するにもそれぞれの車の反応や、そこから発生するチェイン・リアクションもある程度は予測できるようになっていきます。やりたいことが出てきた時に初動がどんどんスマートになっていくので、やりたいことがどんどん実現できるようになっていく。

そうなるために最も必要なのは「折れない心」です。自分の運転の仕方でどんどん交通事故を起こさないと、このスキルは伸びないのです。失敗を恐れてはダメで、ガンガン挑戦し、学び、経験値を積まないといけません。愚直なイノシシのように走り回った時間も、幾度となく頭をぶつけた痛さも、今から考えると私を決して裏切りませんでした。

私の実体験から申し上げると、このTarget Analysisのスキルは同じ会社で難易度を高くしていくことでも伸びますが、もっと良いのは母国とは文化が大きく異なる外国や、組織事情や人々の行動様式が大きく異なる別の会社など、自分のホームグラウンドを飛び越えた環境で厳しい実戦をすることです。これで劇的に経験値が貯まります。

私にとっては、海を渡って米国P&G本社に乗り込んでアメリカンフォックスの大群と戦った時や、P&Gとは真逆の文化を持つ日本的なUSJに傭兵として入り企業再生への大転換の舵を取った時。それらの苦しかった期間こそがTarget Analysisのスキルを磨く最良の時間となりました。転職や社内でもあえて環境を大きく変えることは、スキルを伸ばすためのチャンスです。

3．優先順位をつけてターゲットを絞り込む！

これまでにも所々で書いてきましたが、WHOの設定の土台になるTarget Analysisの最終段階は、優先順位をつけることによるターゲットのさらなる絞り込みです。この後にWHATやHOWに進んでいきますが、ターゲット全員に同じだけ労力や時間をかけるわけにはいきません。なぜならば、あなたは忙しいからです。時間も精神力も有限です。例えば、限られた時間を10人のターゲットに均一に使ってしまうのは、戦略の無い愚か者のすることです。優先順位をつけて本当に重要なターゲットを絞り込み、その絞り込んだ最重要人物を説得するための準備に時間や精神力を集中するのです。そもそもここまでTarget Analysisをしっかりとやるのも、ターゲットを絞り込むためです。絞り込めないのであれば、組織の文脈理解やターゲットの頭の中の分析がまだ足らないということです。

私がよく使うターゲット絞り込みの考え方は以下の3つです。

Ⓐ 意志決定者は誰か？

Ⓑ 合意形成の重心になる人は誰か？

Ⓒ 提案を潰せる人がいるとすると誰か？

Aの意志決定者に関してはこれまで何度も説明しましたので繰り返しません。**意志決定者**

は最優先ターゲットです。

次のBは、実際に何度も経験したのですが、ある人が賛同すると残りの人がなびいてくる現象に着眼した考え方です。ある提案を通す際に、意志決定者に強い影響を及ぼすキーマンが幾人もいる中でも、その重要性は大きく異なるのです。例えば5人いたら5人ともエンゲージしなくてはならない場合もありますが、たいていはその5人の中のある人が「重心」になっています。

ちなみに「重心」は私独特の考え方で、数学の重心の概念をビジネスに当てはめるとピッタリ当たっているので物事を読み解く際の切り口として使っています。どんな平面も立体も3点だけ留めるとピタリと安定させることができます。それは3つの点があれば重心が定まるからです。実は重心を見抜けば平面や立体をたった1点で安定させることもできます。このことから私はごちゃごちゃ複雑に見えるビジネスの戦局も「ビジネスの重心も1つなのではないだろうか？　あれこれ多くの要素をモグラ叩きするのではなく、その重心である問題を見極めて集中して解決すれば、他のいろんな問題も自動的に解決できるのではないか？」と考えるようになったのです。その重心1つを撃ち抜くために関連する焦点も3つまでで事足りると考えて、ビジネス戦略を極力シンプルに考えるクセを付けてきました。

というわけで、**重心になる人がいればその人を優先**します。重心を味方に付ければ、残りの人達はその人に反対するための〝自己保存にかかるコスト〟が高くなるからです。もちろんそのコストに見合う価値があればそれでも反対しますが、たいていのことでは自然になびいてきますし、特に「反対のための反対」を防ぐのには有効です。なので「重心になる人はいないかな?」と最初からその可能性に着眼してターゲットを分析していきます。それぞれの力関係や人間関係のパルスを見切ることで、下から攻めるこちらとしては**上位者達の自己保存の本能を利用する戦いを展開する**のです。

最後のCは危機管理の視点として極めて重要です。提案がうまく行かないときはこの点を見落として負けることが多い。AやBはまだ意識しやすいのですが、Cは予測しにくい人も含むのです。提案を潰せる力を持つのは誰か? まずはAと重なりますが意志決定者。そしてBで絞り込んだような重心となるキーマン。それ以外でまず思いつくのは、**敵対する立場の人**、例えばあなたの提案で既得権を脅かされるコミュニティーや、リソースや権限を奪い合う立場の社内のライバル達です。あとは、意志決定者の近くにいる単純にあなたのことを嫌っている人物あたりでしょうか。ここまではまだ予測しやすいでしょう。

しかしダークホースはそれらの視界の外から襲ってきます。提案が潰された後でも、あなたはその潰した相手の正体がわからないことも多いのです。それはたいてい上の上にいます。意志決定者の上や、斜め上にいる人たちです…。

わかりやすく言うと、下からは社長（上司）が何でも決めているように見えても、あなたからは見えないところで、社長（上司）にも逆らえない相手がいるのです。会長であったり、有力株主であったり、連結親会社の上層だったり…。もちろん自分が買った提案をその後、ちゃんとブレずに売り切ってくれる意志決定者であれば素晴らしいのですが、そうならないこともよくあります。意志決定者は下に対して自分の権威を守るために、自分の上に上がいることや、上から言われて断念したことを下に見せないようにすることが普通ですから、下からはこの〝上の上〟という存在は非常に見えにくいのです。

基本スタンスとしては、全ての人には上司がいると思っておいた方が良いでしょう。社長でさえそうなので、全員がそうだと思っておいた方が良いのです。例えばあなたの意志決定者は部長だとしても、部長の決定を覆せる人間は誰がいるのか？（本部長？　社長？）で、その横槍を入れられる可能性の高低を常に視界に入れておくのです。この「上の上にいる存在」には特に注意して下さい。本当に上の上が出現する確率が高いのであれば、本当の意志決定者はその「上の上」です。ターゲットの定義を修正して策を練り直す必要があります。

以上、幾人もいるターゲットに優先順位をつける考え方を説明しました。一体何人くらいに対してアクションを取れば良いのか？と聞かれれば、以下の3つの要素によって異なるので一概には言えません。その3つとは、環境、リソース、提案の重要性です。

「環境」とはあなたの置かれている組織環境のことです。1つの提案をどの程度の人数をカバーしないと通せないのか、組織の目的・戦略の明瞭さはどうか、意志決定者の能力などです。それが非常に手間暇かかる環境であれば、1提案当たりのあなたがかけなければならない「リソース（自身のスキル、時間や精神力など）」は大きくなります。時間や精神力の許す限り多くのターゲットをカバーしたいところですが、リソースには限界があります。すなわち、その「提案の重要性」をよく考えて提案自体を選ばないといけないですし、やるならばその提案を通せる自信が持てる最低ラインまではターゲットは絞り込まなければならないのです。

私個人の経験で言えば、重要提案でも個人技を駆使して時間をかけて追いかけるターゲットは、だいたい片手未満の人数に絞り込んでいることが多いように思います。例えば、ハリー・ポッターの提案を通した時には、40〜50人のターゲットをよく分析した結果、私が最優先でカバーしていたターゲットは、社長、株主、CFO、直の上司だったマーケティング営業本部長のたった4人です。社内組織で無数の人間が繋がった様子は、さながら神経伝達細胞シナプスの網のようですが、よくよく診てみると意志決定に及ぼす影響力は平等に分散されているわけではなく、むしろ極めて顕著な偏りがあることがわかります。その数個の細胞を見極めてこちらの労力を集中するのです。

本章では社内マーケティングのＷＨＯについて述べてきました。「公」と「個」の２系統のターゲットがいること、Target Analysisについて、またターゲットに優先順位をつけて絞り込むこと、それらについて説明しました。私の経験としては、社内マーケティングで提案を通す際には、ＷＨＯの洞察の良し悪しが、最終的な成否を握っているように感じます。私の場合は**伝え方の前に、〝ターゲット理解が9割〟**だと考えているのです（笑）。

次章からは、ＷＨＡＴとＨＯＷについてお伝えします。あと一息です。いよいよ説得の本番です。

第二部

社内マーケティングのススメ

「下」から提案を通す魔法のスキル

第9章

何が相手に響くのか？・（WHAT）

1.「公の便益」に訴える

万事において、私は戦う前に成功確率を上げることを重視します。できるだけ勝てる戦いを選び、一見勝てそうにない戦いを勝てる戦いに変える方法を考えたいのです。何かをぶち上げることは組織人としてのリスクは少なくなく、自分自身の〝信用貯金〟をそれなりに（成功すれば投資、失敗すれば消費）使ってしまいますので、手足を動かす前にまずはじっくりと頭を使うことにしています。

ここまで、自身の提案の目的設定、そして2系統あるＷＨＯ（ターゲット）とその優先順位の設定と進んできました。組織目的に忠実なＷＨＯ、そして自己保存に忠実なＷＨＯです。

その2系統のＷＨＯにそれぞれ対応した提案の便益（メリット）を、〝何を〟相手に売り込むのかという意味でＷＨＡＴ（社内マーケティングのステップ4）とここでは呼びます。ＷＨＡＴには組織目的に忠実な第1系統に対して「公の便益」と、自己保存に忠実な第2系統に対して「個の便益」があります。相手が重要な社内マーケティングのターゲットである場合は、一人に対して必ず両方を周到に考えておくべきです。

意識すべきは、「値札」を小さくする工夫

〝公の便益〟とは、組織全体のメリットです。この提案を実行すれば、会社や部やチームなどの共同体にとって良い結果がもたらされることを訴求します。売上やシェアが上がる、コストセービングになる、組織モラルが高まるなど、経営学として〝正しいこと〟が主に挙げられます。なので「公の便益」は憚(はばか)られることなく、提案が買われて実行される際に表向きの理由になります。これが弱いとターゲットを説得する確率が下がり、たとえ説得できても実行させる際の推進力が不足します。人々が情熱を傾けるには強い〝大義名分〟を必要としますので、公の便益がクリアに強いことは大切です。

公の便益が弱い場合には、3通りの可能性があります。相手にとって、**便益の魅力が足らない、実現可能性が低い、コスト（費用、労力、政治的リスク、時間など）が高い**、これらのどれかです。WHOの分析をしっかりやっている場合は、魅力度が問題になるよりも実現可能性やコストがバリアになることが多いです。実現可能性が薄いと便益は絵に描いた餅になってしまって魅力が無くなりますし、コストが高すぎても便益は割に合わない買い物ですから魅力が無くなってしまいます。ということは、目の前の相手を説得する法則は、〝魅力は高く、実現性も高く、コストは低く〟です。当たり前ですがこの理解が大事なのです。

便益そのものの魅力はTarget Analysisの精度次第です。先の章で詳述しましたのでもう繰り返しませんが、相手が気にしていることや信じていることに引っ掛けて、その文脈で語ると魅力度は増します。例えば、ターゲットである上司がコストセービングの課題を会社から投げられていれば、こちらは自分のやりたいことを〝コストセービングに繋がる〟という便益でポジションするとずっと通りやすくなるでしょう。もちろん、こちらの提案の便益は他にも複数あって良いのですが、主な便益の一つにターゲットが気にしているタイムリーな共同体の目的を組み込めればベターです。ターゲットにとって、上に提案を通しやすいと感じますし、上からの評価にプラスなので自己保存に繋がるからです。

また、コストは小さいに越したことはありません。ターゲットである相手が取ろうと思えば取れるリスクの範疇にコストが収まっていなければ、たとえ相手がやりたいと思っても、その提案を決断・実行することはできません。そのような場合は、自分が提案する目的に沿う形で、コスト（≒リスク）を小さくしてあげるべきです。人間は意志決定を避ける生物であることを忘れてはなりません。その判断のリスクが高ければ高いほど、あれこれ迷った結果として決断しないことを選ぶのが人間としてはノーマルです。

したがって、相手に重大な判断ではないと思わせるには、100か0かを相手に迫るのではなく、最初の一歩として例えば10だけ買わせる用意をしておきます。例えば、新商品の提案であれば、最小ロットだけの生産にして既存店舗の一部を使ってテストマーケットの提案にしてみると相手は提案を呑みやすくなるでしょう。上手くいかない時、あるいは失敗だと判断した時、途中で脱出できるようにプランを組んでおくのも良い工夫です。「最悪の場合は何が起こるのか？」という問いかけに対して、そのインパクトが小さく制御されていればいるほど良いのです。

もちろん、コストを小さくしてしまうと提案の目的が全く果たせなくなるようなケースは別です。そのような場合は、高いリスクのハードルを飛び越えさせるのに十分な魅力ある便益と、次項で説明する実現可能性の強力な説得力が必要です。最大限の準備をして、勝負するしかありません。しかしながら、私の経験ですが、ビジネスにおいてハイリスク・ハイリターンな賭けを好む人はほんの僅かですから、相手が買える範囲まで〝値札〟を小さくする工夫ができるかどうかは重要な考慮点です。

実現可能性を示したＵＳＪの「わらしべ長者」戦略

実現可能性を高めるにはどうすれば良いか？　その魅力ある便益が達成可能だと相手に信じさせるためには何が必要か？　**そのために〝戦略〟を組み立てて相手にまざまざと見せる**

のです。どんな高い壁でも階段さえ作れば上ることができます。〝便益〟を目的とした、達成のための階段を戦略化し、どうやれば辿り着けるのか、自分自身の中で自信の持てるレベルまで策を練るのです。そしてその道筋を相手に理解させます。そうすると相手はその魅力ある便益が達成可能に思えてきます。そして便益の魅力が強いほど、その階段を自ら登りたくなってきます。

大事なポイントです。多くの人が提案を通すのが苦手なのは、魅力的な便益を見つけることができないことが原因ではありません。**〝実現可能性を明確に示すスキル〟が不足しているのです。**夢を見つけて語ることはできても、どうすれば実現できるか説得力のある道筋を示せない。だから相手は提案の便益を「手に入るもの」として認識することができません。

私は実現可能性そのものを〝見える化〟するために戦略を使うのです。私がUSJに入社して僅か2カ月で〝ハリー・ポッターの提案〟を社内でぶち上げた時は、社長や他の幹部たちからも「お前は気が狂っている！」と激しく拒絶されました。その段階から、どうやって1年かけて皆を説得していったのか？

もともと「ウィザーディング・ワールド・オブ・ハリー・ポッター」の提案は、便益の魅力度という観点では最強クラスの強さがありました。成功すればUSJを関西依存の集客構造から一気に脱却させ、200万人もの集客増を生み出し、株主が期待する中期計画を遥かに上回る売上と利益を生み出すことができます。しかし誰も実現できると信じることができない。加えてコストが強烈。総費用450億円！　その大半を占める設備投資費（CapEX）は当時700億円程度だった年間売上のキャッシュフローを凄まじく圧迫します。はっきり言って常識的には分不相応な買い物のせいで倒産するリスクが高い、そういう賭けだったのです。

私が社内マーケティングの観点で狙っていたのは、〝魅力を、コストと釣り合わせ、上回らせる〟ことでした。そのために重要なのは〝実現可能性〟をどれだけ信じさせることができるか。実現可能だと相手が信じれば、あとは魅力とコストの大小バランスの問題ですから。この世界は、成功するものならば誰しもやってみたいことに溢れています。

〝勝ち筋〟を明確に見せるのです。まずハリー・ポッターがオープンしてUSJが大成功しているための必要条件は何なのか？　それはキャッシュを何とか繋ぐための施策が成功すること。ではそれらの施策のアイデアは何でどのくらいの成功が見込めるのか？　それらを〝逆算の階段〟として繋げます。下から登る階段ではなくて、壁の頂上（魅力的な成功）から階段を一段ずつ下げながら今いる地面まで組み立てるのです。それで構築したのが〝三段ロケット構想〟と名付けた、USJをアジア最大のエンターテイメント・カンパニーにする大戦略でした。

具体的には、ハリー・ポッターに必要なキャッシュを稼ぐために、ＵＳＪの長年の弱みであったファミリーの集客（小さな子供連れの消費者）を強みに変える。すなわち、１段目のロケット、新ファミリー・エリア、ユニバーサル・ワンダーランドを成功させる。ユニバーサル・ワンダーランドはハリー・ポッターの10分の1程度の予算で作れるのですが、当時のＵＳＪとしてはその資金も大きな負担だったのです。したがって、そのユニバーサル・ワンダーランドの第一段ロケットを成功させるための資金を稼ぐために、ブランドの定義を「映画だけ」から「世界最高を集めたセレクトショップ」に変更し、さまざまなアニメやゲームなどの優れたブランドとのコラボによって、超低費用で集客してキャッシュを稼ぐことにしたのです。またコラボだけでなく、ジェットコースターを後ろ向きに走らせたり、従業員をゾンビにしてハロウィーンを仕掛けたり、さまざまな低予算のアイデアを考えました。

つまり「コラボや低予算アイデアで稼ぐ⬇新ファミリー・エリアで稼ぐ⬇ハリー・ポッターで稼ぐ⬇パークの多拠点展開で稼ぐ⬇アジア最大のエンターテイメント・カンパニーになる」という階段。一つ一つの階段の確度を需要予測や数学的論証によって相手に自信を持たせることが得意な私の強みが活きました。小さなものを次々に良いものと交換していく〝わらしべ長者〟の戦略です。

このように勝ち筋を明確に見せて、コラボや低予算アイデアを次々に成功させていきました。私の信用貯金は一気に増していき、激しく拒絶されたハリー・ポッターの提案の実現可能性も益々信じられるようになっていきました。魅力的な「行き先」がある時、「行けるのではないか？」とさえ思えば人は行ってみたくなるものです。つまり「公の便益」を強くするカギは、実現可能性の説得力なのです。

このような戦略を作るには具体的にどうすれば良いのか？　その戦略構築スキルそのものは本書の焦点ではありませんので、興味のある方は拙著『USJを劇的に変えた、たった1つの考え方　成功を引き寄せるマーケティング入門』で戦略やマーケティングの基本をしっかり理解し、その上で拙著『確率思考の戦略論』に進んで下さい。『確率思考の戦略論』ではハリー・ポッターの際にも用いた需要予測モデルの考え方や実際の数式なども紹介していますので、興味のある方はご参照下さい。

2.提案に〝やりがい〟を盛り込む

「個の便益」について述べましょう。自己保存は人間の中心ですから、こちらの提案が相手の自己保存にとって大きなプラスになることを理解させることは極めて重要です。

"What's in it for me?"「私に何の得があるの？」と、米国では露骨に相手から聞かれることがありました。さすがに日本では真正面からコレを聞かれることは少ないです。しかし日本では逆に、相手の自己保存へのお土産をダイレクトに口にすると「そういうことを言っているのではない！」と怒り出す人も少なくありません。露骨に個の便益を語るのには注意が必要です。日本は〝恥の文化〟であって体面を重んじます。「自分はそのような利己的な人間ではなく、会社や組織のためだけを考えて公正に判断する人間だ」と、体裁を整えるのも大切な自己保存なのです。

一番オーソドックスなやり方は、あくまでも主目的は「公の便益」であることを明確にしてあげることです。その上で相手が「個の便益」に気付いていないようであれば、結果としてその提案でＸＸＸＸも起こるだろうと例示してあげます。それで十分です。特に公の便益が相手にちゃんと刺さっている場合は、個の便益を話題の中心にする必要はありません。

私の経験的には、「あなたにとってＸＹＺの得になるから、バーターで力を貸して欲しい」などと、悪代官と越後屋のような会話は必要ありません。

しかしながら、相手を個の便益に気が付かせることができたら、そうでない場合と比べて相手の協力の仕方は大きく変わってきます。その提案は相手自身のためにぜひとも実現したくなるからです。「会社の未来のためにぜひやろう！」と公の便益を大義名分にしながらも、突き動かす情熱のエネルギーは深層にある「個の便益」に響くことで生み出されています。そうなるように「個の便益」を考えねばなりません。

実際の「個の便益」は、ＷＨＯのところで述べたTarget Analysisによって設定します。相手の自己保存のニーズと、提案によって起こる変化を繋ぐ〝組み合わせ〟を考えるので、千差万別です。しかし、個の便益は2つに大別されると思います。実利を衝くものと、心理を衝くものです。順に追っていきましょう。

一番わかりやすいのは〝実利系〟の便益です。これは文字通り相手にとっての実利。言い方はともかく、「あなたの評価が上がる」や「あなたの報酬が増える」などが該当します。評価、評判、報酬、ポジション、スキルが身に付く、キャリアの箔になるなど、自分にわかりやすいプラスの変化があるならば自己保存として喜ばない人はいません。ただし、体面を重んじる日本人は、この点を露骨にチラつかせると非常に〝嫌な感じ〟になりますので伝え方には気を付けねばなりませんが、本来は誰にとっても大事なことです。とりわけ相手が、上司や権力者であれば、その提案が本人のどのような実利に繋がるかは重要な関心事です。下の立場の人間が想像する以上にその領域のことをよく考えている人は多いと思っておいて下さい。そういう損得に聡いから上手く泳いでその立場まで成功する確率が高いとも言えるでしょう。

実際には伝え方はこのような感じになります。例えばあなたが上司をある提案Aで説得したいとします。その時、事前にTarget Analysisで上司のスコアカード（上司の評価査定の重要項目）を理解し、Bについて上司が悩んでいることを把握。そこであなたは提案AがBの役に立つというロジックを立てました。それを実際の会話の中では、自分の提案Aの便益を「公の便益」から説明し、上司が気づいていないようであれば「これはBの解決策としても非常に有効です」と付け加えるくらいで良いのです。「ボスが困っているBのためにプランを持ってきました！　これが解決するとボスの評価も上がりますね!!」などと露骨に言ってはなりません（笑）。

さて、この実利を協力してもらう理由にするのは、上方向だけではなく、同僚や部下であっても、人をヤル気にさせるという点で有効です。もちろん〝嫌な感じ〟で本人に対して直接やるのではありません。むしろ、仲間が貢献に応じた実利で報われるようにすることは、提案をリードする者の責任だという覚悟で行動して下さい。私が駆け出しの頃から気を付けてきたのは、同僚の貢献をその上司や周囲にちゃんと伝えて、組織の中で当人が認められてプラス評価に繋がるようにしてあげることでした。これは相手のためになりますから、リーダーとして仲間のために照れずにやってあげて下さい。結果として、相手は自分に対してより強力にサポートしてくれるようになります。

3.相手の感情を揺さぶる「真実の迫力」

人間は情緒の生物です。実利は大事ですが、人は実利だけで動くものではないのです。むしろ実利よりも重要だと思うのは、感情の領域に属する便益です。できるだけ単純な言葉で言うと、〝やりがい〟であり、〝自分を必要とされること〟です。相手がその提案を「自分の強みを発揮し、自分の存在価値を実感できる」と受け取れば、実利よりもずっと強力な便益となります。

自己保存の生き物である人間は、自分自身の価値を周囲や共同体に認めてほしいという

〝承認欲求〟を誰しもが持っています。また、どんなに自信満々に見える人間でも、内心は自分自身の価値に外見から窺えるほどの自信はないものです。ほとんどの人間は、自分の存在価値を実感できる機会や、再確認できる機会を強く求めています。社会性動物の人間は、常に自分の〝居場所〟を探していると言っても良いでしょう。

多くの人が誰かの役に立った時に自然と嬉しい気持ちになるのは、相手がハッピーになったこと自体に対してではなく、深層心理では自分自身の価値を実感できたことで自己保存本能が満たされて喜んでいるとも言えるのではないでしょうか？　自分が有能である、自分は善人である、自分は必要とされている、そう実感できることが自己保存には重要なのです。その精神的欲求が満たされる時の充足感、幸福感や達成感は、まさに実利系とは比較できないプライスレスな価値を持ちます。

つまり、何かの提案を通す時は、説得したい相手にどのような〝やりがい〟を感じてもらえば良いか？　これを考えるのです。その答えは、相手の価値観によって千差万別に変化しますので、深遠なTarget Analysisが必要となります。

その人が日頃から感じている問題意識、今まで取り組んできたこと、社会への好影響、正義感に火を付ける領域に〝やりがい〟を感じる人もいます。そういうタイプの相手であれば、「公の便益」に重なる領域がその人にとってプライスレスかもしれません。

また、自分自身がもっと認められたい、もっと世の中に能力を役立てたいと願っている相手は多いでしょうし、純粋に自分が必要とされることに〝やりがい〟を感じる人はさらに多いでしょう。そういうタイプには、その人の能力をどれだけわかった上で、そのプロジェクトでその能力を解き放てるか、それを伝えることができれば、強力な便益となります。

いずれにしても、**相手が人生により大きな意味を感じることができる切り口**で、提案を〝感情系便益〟として強くポジショニングできるかということを私は考えます。少し大げさな表現ですが、提案と相手の人生にポジティブなリンクを持たせるのです。そうすると、その提案が相手の中で「やってみたいこと」になっていきます。

私がかつてハリー・ポッターの提案を通した際にも、プライスレスな価値を感じさせる〝感情系便益〟には腐心しました。例えば、負け続けることに慣れてしまった多くの人に対しては、心の奥底の種火に火を付けるべく、「このプロジェクトは、子供だけでなく、孫にも曾孫にも自慢できる仕事になる！」と熱く語りました。また、10年近くも家族を米国に置いたままＵＳＪ再建に最後のキャリアを捧げてきたＣＥＯには、このプロジェクトがＵＳＪの再建を確定させることで、その大勝利がどれだけ彼の人生の意味を大きくするか、機会がある度に伝えました。部下達には、この巨大プロジェクトを成功させることで、マーケターとしてどれだけ成長できるかという点、また成功させるためにあなたの能力がどうしても欠かせないという話も個別によくしていました。

そういう話が〝熱〟を持って相手の心に届くためには、本当のことを話さないとダメです。相手の歓心を得るために作った話では人は動きません。そういうものは見透かされて逆効果です。本当に相手の協力が必要、相手の能力が必要、一緒に力を合わせて本当に勝ちたい！その真実を相手にぶつけないと〝熱〟が伝わらないのです。語る本人の内側に本物の〝熱〟がもともと無いのであれば伝わるわけがありません。したがって、本当に一番大事なことは、あなた自身がどれだけ必死にその提案に情熱を傾けているのか、その一点が問われているとも言えるでしょう。確率を上げるために事前に頭を使って計算高く策を練るのも必要ですが、**最後に相手を動かすのはやはり人間の持っている真実の迫力**のように思います。腹の底から信じていることを伝えるのです。

みんな勝ちたいのです。成功したくない人は一人もいません。大きな成果を出せるプロジェクトに、参加したい、自分の強みで貢献したい、みんなそう思っています。人間が、自分の価値を自分自身で肯定したい自己保存の生物だからです。しかしながら、多くの人間はその賭けに勝てる見込みが十分になければリスクを冒すことはできません。それも自己保存の本能です。つまり、相手にとって「すごくやってみたいこと」とは、「己の価値を肯定できる」かつ「リスクが低い」ものです。実に都合の良い話ですが、人間は自己保存の生物ですから仕方ありません。人を動かしたいならば、自身の提案を相手にとってローリスク・ハイリターンに近づくようにポジショニングすべきです。

第10章

伝え方の技術（HOW）

1.まずは「スタイル」を理解すべし

今まで前準備に労力をかけてきたのは、あくまでもこの最終局面を上手くやってのけるためです。それは実際にターゲットを目の前にして〝どのように伝えるのか〟という勝負。勝てるかどうかは、**自分の言いたいことを相手が聴きたいように話せるか**に懸かっています。相手のスタイルに対応できるこちらの準備が必要です。本章ではそのHOW(社内マーケティングの最終ステップ)について私の考え方を述べます。

人間は、好きか?嫌いか?で決めている

ここまでの準備が的(まと)を射て、それなりに勝ち筋に乗っていたならば、ターゲット(相手)があなたの話を正しく理解してくれさえすれば、物事が良い方向へ動き出す可能性は高いです。しかしながら、その「正しく理解させる」ということが実際はなかなか上手く行きません。伝える当人の説得術やプレゼンテーションスキルの巧拙もありますが、相手によって大きく左右されてしまうからです。意志決定者やその周辺にいる人、上司といった類の人々に

は、〝伝えること自体が難しい〟さまざまな特徴がある場合が珍しくないのです。

あなたが話を聴かせる相手は、たいてい時間が無くて忙しくて、短気ですぐにイライラしていて、落ち着いて最後までこちらの話を聴いてくれない人が多いでしょう。また、自信満々で自分が一番と思いたいエゴの強い人や、下の人間から意見されることが嫌いな人など、上下の呪いにかかっていてフェアに聴くことができない人も多いでしょう。また、アイデアマンで熱狂型の相手ならば、人の話の一部分に固執して、そこから発想した自分のアイデアの話で頭と口が一杯になり、時間切れで終わって途方に暮れることも珍しくありません。そもそもこの土俵では相手の立場が強いのです。残念ながら、相手は好き勝手にこちらの話に向き合うことも、無視することもできます。

WHATで考えた「理」や「利」のメリットを説くのは相手の頭の中の損得勘定に訴えるやり方です。しかしながら、それだけでは不十分なことも多い。**HOWの段階では情緒まで満足させる**ことが非常に大切です。

中には情緒を完全に横に置いておいて、ほぼ理性だけで物事を判断する人もいます。しかしそのようなサイコパス性の高い人（悪い意味ではなく、感情が意志決定の邪魔にならない人）は少数で、圧倒的大多数の人は〝情緒〟で物事を判断しているのです。さまざまなもっともらしい理由は、情緒による判断を正当化するために必要とも言えます。提案の「理」や

「利」だけでなく、提案する人についての好感が結果を大きく左右する。それには理屈で説明しきれない人間同士の〝相性〟が大いに関係します。好きか?嫌いか? これが大事なのです。

では、人は相手のことをどうして好きになるのか? あるいは嫌いになるのか? 私は、やはり人間の本質である自己保存と大いに関係があると考えます。自己保存の生物である人間は、自己保存を強化してくれる相手を好きになるのが原則です。自分を認めてくれる、自分を尊敬してくれる、自分を慕ってくれる、自分を大切だと思ってくれる、自分を信じてくれる、自分の居場所を作ってくれる…。このような相手を嫌いになることは非常に困難! なぜならば、この人は、あなたの存在価値を実感させてくれる存在、つまり自己保存を強化してくれるからです。

生まれてから自我が成立していく過程で、人は母親や父親から始まって、さまざまな人間と出会い、さまざまな経験を積んでいく。その中で、自分を肯定してくれた人➡好き、自分を否定した人➡嫌い、それぞれ情緒的な経験がパターンとして少しずつ脳に刷り込まれていく。そうすると、自己保存にとってプラスになる「好きなパターン」と、自己保存にとって脅威になる「嫌いなパターン」を、相手の印象と関連付けて見分ける術が付いてくる。それが、こういう人は得意、こういう人は苦手という〝相性〟を形成していくのではないでしょうか。

そのような相手との〝相性〟や相手の〝スタイル〟に、どう対応して、どのように自身の提案するWHATを正しく理解させるかが最後のカギとなります。このコツは、中身は同じものを、それぞれ違う人に包装紙を変えて贈るようなものです。相手が喜ぶように、必要に応じてそれぞれ〝包み方〟を変えなければなりません。私が実践してきた対処法をお伝えします。

対人コミュニケーションの4分類

私は人間を「4つのコミュニケーションのスタイル」に区分して対処することにしています。このやり方が最適かどうかはわかりませんが、私は今までこのやり方で国内でも国外でも不自由したことはありません。

それは、攻撃型（aggressive）、積極型（assertive）、反応型（responsive）、消極型（non-assertive）の4つです。

最初の〝攻撃型〟と〝積極型〟を合わせて、プッシュ・スタイル（push style）と呼びます。語感から既にご想像の通り、**プッシュ・スタイルは相手を押すことで影響力を行使する**

スタイルです。また、後ろの〝反応型〟と〝消極型〟を合わせてプル・スタイル（pull style）と呼びます。**プル・スタイルは相手から引き出すことで影響力を行使するスタイル**です。大きく言えば、〝押す〟と〝引く〟を局面で使い分けて人間はコミュニケーションを成立させています。

注意すべきは、血液型のように4つの型の人間が4人いるのではなく、**一人の人間がその4つのスタイルを併せ持っている**という理解です。人それぞれに4つの中でメインとなるスタイルを持っていますが、相手によって、状況によって、出現するスタイルが変わります。

先に結論を申し上げると、**4つの中の最初（攻撃型）と最後（消極型）はコミュニケーションを破綻させるスタイル**です。自分がその両極端のスタイルに陥らないように注意すること、そして相手がその両極端のスタイルであった時に上手く対処すること、この2つがコミュニケーションの成功確率を上げるコツです。相手が、〝攻撃型〟にハマっていたら近いスタイルの〝積極型〟に誘導する、〝消極型〟だったら近いスタイルの反応型に誘導する。そうやって、自分の提案を理解してもらうように、また相手の考えも自分自身が正しく理解できるようにします。コミュニケーションとは、あくまでも双方向なのです。

私がここで言っているコミュニケーションとは「言葉」や「言い方のトーン」だけではありません。言葉によらない、顔の表情や仕草などの**相手に伝わる全てがコミュニケーション**

です。相手にインパクトを与える全ての行動はもちろん、身だしなみや服装すらも意味を持つならば重視すべきです。

また、どのスタイルかを決めるのは、あなたではありません。**相手の認識が全て**です。自分にそのつもりがなくても、相手が攻撃的と感じればあなたのコミュニケーションは攻撃型です。逆に相手にそのつもりがなくても、相手のスタイルがあなたにとって攻撃的と感じれば、目の前のスタイルを攻撃型と見なして対処すべきなのです。というのも、コミュニケーションを上手く成立させるには、相手と自分のそれぞれに生じる〝ストレス〟をどうマネージできるかがカギだからです。それぞれの感じ方、生じる感情やストレスが相手のスタイルを定義することを頭に入れて以下の理解を進めて下さい。

× 攻撃型（aggressive）

プッシュ・スタイルの中で、相手に不必要な強いストレスを発生させ、相手の意見に耳を傾けず一方的なものを攻撃型と言います。言葉の選択および言い方、態度の強さが、相手を強烈に圧迫します。文字通り非常に〝攻撃的〟です。このスタイルに陥る主な理由は、怒りや焦りや不安といった当人の抱えるストレスによって、相手への攻撃衝動に駆られている場合が一般的です。しかしながら、その自覚や悪意が無くても、熱狂型の人が情熱に駆られて話しているだけのつもりでも、相手に与えるインパクトが攻撃的である場合もあります。いずれにしても、攻撃的かどうかは当人の自覚の有無ではなく、相手へのインパクトによって決まります。プッシュされる相手が、内容そのものではなく、コミュニケーションのスタイルに強いストレスを感じる場合は、それは攻撃型です。相手が感じる典型的なインパクトは、威圧・恫喝される、非難・攻撃される、選択肢の無い事柄を強要される、意見が言えない、聴いてもらえない、などです。ちなみに攻撃型コミュニケーションは相手に強いストレスを与えるので、相手を両極端の攻撃型や消極型に変えてしまうのです。売り言葉に買い言葉です。このスタイルはコミュニケーションを破綻させるトリガーになります。

◎積極型(assertive)

プッシュ・スタイルでも、相手に不必要な強いストレスを発生させず、また相手の意見を聴ける余裕がコントロールされている双方向のものを積極型と言います。自分の意見、アイデア、提案などを、相手に明確に伝わるように積極的にプッシュします。相手にとっては、常に当人のポジション（意見や立ち位置）が明確でわかりやすく、さまざまな問題解決の切り口やアイデアを提供してくれるので、ありがたい存在として映ります。また、自分もプッシュしますが、相手からプッシュされることにも寛容で、お互いの積極性が噛み合った建設的な議論が成立しやすいスタイルです。相手が感じる典型的なインパクトは、前向きで情熱が強い、関心や責任感が強い、協力的、リーダーシップが強い、などです。プッシュされる側は、気持ち良くプッシュされますし、アイデアや意見をもらえることで視野が広がるメリットを感じます。なので相手からの好意的なリアクションを引き出しやすく、相手を積極型や反応型のようなコミュニケーションを成功させやすいスタイルにする可能性が高いのです。

◎反応型（responsive）

プル・スタイルのうち、相手の考えや意見を引き出す有効な質問やリアクションなどで相手をリードするスタイルを反応型と言います。相手の話を傾聴する、相手は聴いてくれるからどんどん話す、したがって相手の中にある有用な情報やアイデアを上手に引き出すことができるのです。典型的な相手へのインパクトは、聴いてもらえた、認めてもらえた、わかってもらえたなど、総じてモティベーションの向上です。中には、単なる聴き上手を超越した、リーダーシップの究極のスタイルとして昇華している〝術者〟もいます。例えば、部下が何かをプッシュして来た時に、部下の考えをよく聞いて理解した後に、プッシュ・スタイルのように「ああしろ、こうしろ」とは言わない。優れた反応型のリーダーは、いくつかの適切な質問を投げかけることで、部下自身に改善点や誤りに気付かせて、部下の口から「やるべきこと」として引き出します。人からやれと言われるよりも、自分で気付いてやると言ったことはモティベーションが全く違います。優れた反応型は質問するだけで相手の能力を引き出す。プル・スタイルの真骨頂です。まるで横綱相撲のように、相手からのプッシュを受け止めても尚、自由自在なのです。ちなみに反応型と最高に相性が良いのは積極型です。

× 消極型（non-assertive）

プル・スタイルのうち、双方向のコミュニケーションが成立しないものを消極型と言います。自分自身のポジションを明確にすることに極めて消極的で、相手に対して自分自身の立場を低く悪くします。意見を言わないし、発言すらしないのです。聞かれたことにも無反応なことが多く、何も言わずに黙り込んでいる間合いで相手はイライラし、強いストレスに晒されます。つまり消極型も、相手をストレスで両極端の攻撃型や消極型にしてしまうリスクが高いのです。相手に与えるインパクトは、ヤル気が無い、関心や興味も無い、無能である（特に外国ではそう思われます）、不満や怒りがある（黙っている理由をそう思われる）など、ロクなことはありません。消極型と悪い意味で相性が良いのは、攻撃型です。一方通行に相手を罵倒する王様と、何も自分を主張しない奴隷の関係として見事に成立してしまいますが、その関係はもはやコミュニケーションではありません。

2．対話の真理は「押し引き」にあり

まずは己の感情をコントロールせよ

私は外資系企業や日本企業などの文化の違いはもちろん、グローバルな国際環境下でも長年働いてきました。上司や部下にも、日本人のみならず、アメリカ人、インド人、オーストリア人、イタリア人、ドイツ人、韓国人、カナダ人、中国人、ブラジル人、シンガポール人、メキシコ人、ベネズエラ人など、多様な国籍や文化に混ざって働いてきました。そんな私のキャリアの経験で言えば、この4つの分類が当てはまらなかった事例は今のところありません。もちろん冒頭で述べたように、その4つのスタイルは一人の人間の中に存在しており、100％攻撃型の人も、0％消極型の人もいないことが前提です。

一般化しすぎるとまずいですが、私は文化によっても顕著な傾向があるように思います。例えば、大半の日本人は会議で〝消極型〟の行動を取ります。会議時間にも給料が支払われているのに、自分からは発言しませんし、貢献せずに情報だけ盗って帰る〝会議泥棒〟になります。恥をかかないようにできるだけ考えてから発言したいのはわかっています。しかし、それでは日本人だけの会議でも生産性があまりにも低いのです。ましてグローバルな環境では、それを日本文化とか悠長なことを言っている場合ではありません。国際環境での沈黙は、〝無能〟か〝無関心〟にしか映らないので全く評価されないのです。

逆に、インド人や中国人は、人の話を聴かずに一方的にしゃべり倒す〝攻撃型〟の出現率が高いように思います。いずれにしても、両極端のスタイル（攻撃型と消極型）は、双方向のコミュニケーションが成立しないので、生産・交換できる情報の質と量が極めて貧困になります。それでは組織vs組織の戦いに勝てません。自立したプロが集まって、一人一人が考え、意見を自由に交換することで、組織の意志決定の〝死角〟を減らす。そのような神経伝達回路が活性化された組織では、〝積極型〟と〝反応型〟がメインスタイルになっている個々人の割合が高いのです。

さて、コミュニケーションにおいてもう一つ理解すべき点は、相手のスタイルが自分に影響するように、自分のスタイルも相手に影響を与えるという双方向の関係性についてです。その点について、私自身の例を使ってもう少し読者の皆さんに腹落ちしていただこうと思います。

私の基本スタイルは、プッシュ・スタイルです。人から何かを引き出す聴き上手というよりも、自分の考えやアイデアを周囲に熱く語るのがベースになっています。普段の大半の局面は〝積極型〟で過ごしていると思いますが、調子の悪い時には〝攻撃型〟になってしまいます。また、長年の修行の結果、必要に応じて〝反応型〟を使い分けられるようになりました。でも黙っていることが難しいので〝消極型〟になることは滅多にありません。それが今の私のスタイルです。

しかし白状しますが、私は20代の頃は〝超攻撃型〟でした。思い出しただけで冷や汗が出るくらいヤバい人間でした。自分が達成したいことへの執念が、人の10倍は強かったので、それが思い通りにならない、あるべき状態にならないことへの「怒り」は凄まじいものがあります。私は極度の負けず嫌い、絶対に結果を出したい人間なのです。もちろん、あるべき一線から少しでもズレることへの「怒り」は、私の巨大なエネルギー源でもあります。だから妥協せずに徹底的に突き詰めて仕事をする。そのおかげでＵＳＪも再生できたと確信しています。ただそのエネルギーは、放出する方法を間違えれば、周囲を焼き尽くしてしまうことがあるのです。

一つ黒歴史の蓋を開けましょう。私はＰ＆Ｇで働いていた駆け出しの時代に、電話だけで同僚を病院送りにしてしまったことがあります。期限が来ても約束したことを全くフォローアップせず、さまざまな言い訳に終始する相手に私は電話口でブチ切れてしまいました。私は何を言ったか正確には覚えていませんが、相手を非難する壮絶な〝黒いエネルギー〟をぶつけました。「今すぐそこに行きます!!」と電話を切った私は、離れた階にいるターゲットを〝捕食〟しに走ったのです。しかし席に相手はいませんでした。しばらく経って、相手が激しい腹痛で病院に運ばれていたことを知りました。鬼の形相の私が今にも襲ってくると思った相手は、なんと急激なストレスで腸が捻れてしまったのです…。

それほどのストレスを同僚に与えてしまったことを、私は深く反省しました。その後は職場で病人を出すようなことはもちろん二度とありませんし、直接レポートする部下達からメンタルな病を一人も出したことはありません。しかしながら、やはり私は油断するとすぐに〝攻撃型〟に陥る性格を自覚しておかねばなりません。これは同僚や部下だけでなく、私の場合は上司に対しても構わずやってしまうので世渡りとしても困ったものです。私の鬼門は

〝怒り〟の感情。あるべき一線と現実に乖離がある時、そのギャップに対して相手が誠実に取り組まなかった時、自分の中で〝許せないスイッチ〟が入りそうになるのです。

しかしながら、私に限らず、攻撃型のコミュニケーションは決して効果的ではないのです。目的や主張する内容がどれだけ正しくても、それを伝える方法が間違っていたら、結局は相手を思うように動かすことはできないからです。一方的に圧倒することで、短期的に従わせることができたように見えても、相手が理解して心底納得できている可能性は低く、相手は考えることを止めてしまうか、モティベーションを下げてしまうのが普通です。

自分自身にとってもっと不都合なのは、相手からインプットをもらうチャンスを自ら潰してしまうことです。相手が良いアイデアや情報を持っていても、威圧して圧倒してくる相手に伝えるのは難しい上に、そのような相手には別の機会でも意見を言わなくなります。攻撃型で圧倒すればするほど、自分にとって貴重な成功の土台を自ら削り続けているようなものです。

私は多くの失敗を積み重ねながら、怒りにトリガーされると魔界に堕ちる自分をコントロールする必要性に気付いたのです。攻撃型と積極型の間に、太い一線を引く覚悟を決めました。相手が反論や別意見を言える程度に、自分のプッシュの度合いを調整するように気を付ける努力をしました。また、相手が何を考えているか、もっと良い考えを持っている可能性を頭のどこかで意識しながら、それらを引き出すプル・スタイルの質問を意図的に繰り出すようにもしています。つまり、なるべく積極型と反応型の間を行き来しながら、双方向で意見をやり取りすることを心がけています。

それでも私が感情に囚われてしまった時、不必要なストレスを与えてしまうことが今でも時折あります。流石に言葉自体は必死に制御していることが多いですが、声のトーンや表情や黒い煙のような威圧感も含めて、〝総合的に攻撃的な森岡〟になってしまう時がまだあります。まあ、わざと怒ったフリをすることは有効な場合もありますが、本当に怒ってしまったらまずいのです。今まで意識して長い年月をかけて、これでもだいぶマシになったように、もっと修練を積まねばなりません。ただでさえ問題山積の職場に、組織の神経伝達を阻害する不必要なストレスは要らないのです。

このように、それぞれが自分のスタイルを持っています。その自分自身の傾向を知っておくことが非常に大切です。誰に対しても〝押し相撲〟の私のような人間はむしろ稀で、多くの人は、相手と状況によって、その4つのパターンのどれが出るかが、もっとさまざまに変わります。例えば、上下の呪いが激しい組織では、上に対しては消極型（言われたことをやるイエスマン）で、下に対しては攻撃型（高圧的でロクに人の話を聴かない）の両極端な中間管理職がゴロゴロいます。

重要なのは、自分自身のスタイルのバラつきを積極型と反応型の2つの間でコントロールする覚悟です。その2つで維持できれば、相手と向き合うのも自由自在になります。自分が両極端（攻撃型と消極型）に陥れば、相手にうまく影響力を行使することができません。特に提案を通す場面では、相手は職権や立場があなたよりもずっと強いことが多いのです。攻撃型で挑んでしまったら提案の失敗だけでは済まないリスクまであり、消極型では一方的に圧倒されるだけで終わります。簡単ではないのですが、相手がどのような態度で接してこようとも、最後まで自分自身をポジティブに維持できるかどうかが一番大事なのです。

「攻撃型」と「消極型」への対処法

相手が〝攻撃型〟だった場合、あなたは強烈なストレス下に置かれることになります。相手には強い主張があり、それを強烈に差し込んでくるので、なかなか自分の意見を相手に理解させるための主導権を握ることができません。こちらが言いたいことを言う隙間がなく、相手がどんどん強く言葉を重ねて押してくる。提案を最後まで伝えることすらできず、相手はそのさわりや過程で引っかかったあなたの主題ではない事柄について強い言葉と態度で圧倒してくるのです。あるいは酷い場合になると、相手は一方的に非難して口撃してくるので、あなたの感情のボルテージは吊り上げられ、思考力が著しく低下してしまうのもよくあるパターンです。このように、攻撃型の相手に対峙するのは困難です。そのような場合はどうするのか?

相手が攻撃型であった場合、最も有効な初期スタイルは反応型です。攻撃型の人間には、言いたいことがたくさんあり、相手がそれをちゃんと聴いて理解してくれないことにストレスを感じ、攻撃型になっている場合が多いのです。相手の強い主張を、まずは反応型で受け止めます。合気道のように、相手の力を上手く受けることで利用するのです。相槌や質問を上手く使って、相手の主張の噴火エネルギーを制御します。相手の主張を要所でまとめて、あなたが相手の言っていることを理解しているというシグナルを明確に打ち出すのも効果的です。「仰っているのはXXXXXという意味で正しいですか?」や、「なるほど、XXXXXXXXという考え方なのですね」のように、ぐるっと丸めて要点を言い当てます。

そうやって相手の主張をちゃんと引き出して、理解していると相手に思わせ続けると、相手のボルテージは徐々に下がってきます。攻撃型だった相手に心の余裕を作り、攻撃型から積極型への変化を誘導していく作戦です。つまり、自分の考えをプッシュするチャンスを作り出すのです。もし相手の主張を反応型で受けたままで議論が終わってしまえば、目的は達成できません。あなたが相手を理解したように、今度は相手に自分の主張を理解させなければばならないのです。そこから逃げればプロではありません。

相手が落ち着いた時を見計らって、スタイルを積極型へと転じます。その際に、最初にすべきことは、相手にあなたの話を聴いた方が得だと思わせることです。自分の話をよく聞いて理解してくれた相手から「私にも提案があります。きっとすごく気に入ってもらえると思うのですが、聞いていただけますか？」と言われれば、無下に断ることができる人は少ないでしょう。

小さなテクニックですが、**しゃべり続ける相手を止めるためには、相手の名前を連呼すること**です。相手が自分の話に夢中になってしゃべり続ける時、「○○さん、○○さん、○○さん…」と相手の目を見てニコニコしながら呼び掛けてみて下さい。ふと、相手のしゃべりが止まります。驚くほど止まります。

人間は子供の時から〝自分の名前〟を最重要な音情報と認識してきましたから、自分の名前が連呼されると脳の意識がそちらに取られて、他のことを考え続けることができなくなるようです。これは、米国勤務時代に人の話を聞かない連中に囲まれていた私が偶然見つけた「自分が話し始める間合いを作る方法」です。ぜひ一度試してみて下さい。プッシュ・スタイルの相手に非常に有効です。たいていの日本人ならイチコロで止められますし、インド人や中国人でも止めることができます。

もし相手を攻撃型から積極型へ誘導することに失敗しそうな場合はどうするか？　相手がアグレッシブな圧迫を続けて、あなたも強いストレス下で我慢も限界、**自己コントロールを失いかけてきたら、迷わずバックオフ（撤退）します**。撤退は失敗ではありません。失敗とは、自分自身を制御できずに相手との決定的な関係破綻を招くことです。「今日は議論が複雑になってしまったので、一度整理してみたいと思います。また相談させて下さい」などと言って、私はその場から一目散に避難することにしています。そうでないと、私自身が相手にブチ切れてしまうからです（笑）。

また、相手を誘導することに時間がかかりすぎて、タイムアップになることもよくあります。それもまだ失敗ではありません。次回の話し合いを約束して、次に繋げます。2回目の方が1回目よりも、圧倒的に多くの情報を得ているはずですから、Target Analysisをアップデートすることを忘れずに捲土重来します。その2回目には、前回の議論を受けて理解した相手の主張を言い当てるところから始めてみて下さい。そうでないと相手は再び攻撃型であなたを圧倒し始めて時間が足らなくなります。相手の主張がわかった上で、それでも提案に合意するメリットが相手にある。つまりこの提案は得であることをできるだけ冒頭で理解させるのです。

次に相手が〝消極型〟だった場合はどうするか？　この場合も最も安全なあなたの初期ス

タイルは反応型です。質問を駆使して相手の心中を理解する必要があります。相手が自分の話に無反応で無関心に見える場合には、その理由の見極めが最大のカギとなります。あなたの提案メリットが強力であれば、通常は相手が消極型になるのは考えにくいことです。つまりWHATが外れている可能性と、それ以外の何らかの理由を想定して、質問を組み立てると良いでしょう。

この際、いわゆる「オープン・エンド」と言われる質問、つまり「あなたはXXXに対してどう思われますか？」と問う方が、「あなたはXXXに賛同して下さいますか？」と二者択一を迫るよりも、相手から質的な情報を引き出すことができるのです。「はい」か「いいえ」以上の情報をあなたに出さざるを得ないような質問の仕方を考えましょう。また、その時のあなたは「相手をとても重要視しリスペクトしていて、その知見をとても欲している」ということが伝わるポジティブな態度であるべきです。その方が相手はあなたを助けたくなるからです。

消極型の相手でさえ、そうやって情報を拾うことで、相手の本音との微妙なズレを察知できる可能性が高まります。Target Analysisの精度が問われる瞬間です。もしもその場で修正できるならば、相手の関心を掴むべく、積極型に転じてWHATをポジショニングし直します。自分のやりたいこと（提案）を相手の聴きたいように（相手の利点として）話してみて下さい。頑張るべきは、提案のメリットであるWHAT（2系統の便益ポジショニング）をどれだけクリアに伝えられるかです。メリットが当たっていたら、提案は相手にとって非常に魅力的に映るでしょう。

提案が刺さった場合は、相手は内容をより理解しようとさまざまな質問を投げてくるようになります。そうやって相手を探り、適切なメリットで引っ張り出すことで、消極型から反応型へ誘導するのです。

3．スタイルの幅が成功確率を上げる

誰しもが人に対して好き嫌いがあります。しかしながら、社内マーケティングでも、いわゆる本当の〝営業〟でも、自分が得意とする相手の幅が狭すぎることは不利に働きます。

営業力を強化する組織改革を考えた時の話です。興味深い発見をしました。優れた成果を出す営業マンと、成績が良くない営業マンの行動や性質を観察すると、決定的な差が1つあります。〝優秀な営業マンは相手にできる客の幅が広く、そうでない営業マンはその幅が狭

い〟のです。

優れた営業マンは、さまざまなタイプの客に接することができます。ある優秀な営業マンは、「営業にとって商談は〝舞台〟で、営業マンは狙うべき客によってキャラクターを演じ分ける〝役者〟のようなもの。要するに大事なのは客に好かれることです」と言っていました。

しかしながら、苦戦している営業マンは、客単価や確率が高い〝狙うべき客〟を選ぶのではなく、自分との〝相性〟で客を選んでしまっているのです。無意識に自分にとって話しやすい客に多くの時間を使っています。だから成績が悪いのです。ちなみに、営業マンを生業にすることを選んだ人達ですから、対人コミュニケーションに関しては得意な人が多いはず。それでも、やはり客によって〝相性〟というか、苦手なタイプがあるようです。

多くの営業が苦手にする客の典型的なパターンも、実は先述の4つのスタイルに符合させるとよく理解できます。つまり、攻撃型の客と消極型の客が、相手をするのが難しい客です。〝苦手なタイプ〟である両方に共通するのは「話をなかなか聴いてくれない相手」であるということ。攻撃型の客は高圧的でこちらの話を聴いてくれない。相手にするのは疲れます。しかし、その強いエゴを逆手に取ればまだ何とかなるというのです。営業にとって攻撃型と同等かそれ以上に難儀なのは、実は消極型の客です。何を言っても無反応、何を考えているのかわからない。つまりニーズがわかりにくく、提案による衝きどころがわからないのです。しかも喜んでくれない。会話を成立させるストレスで営業の心が折れてしまうのです。したがって、どうしても消極型の客を敬遠しがちになります。

しかしながら、自社商品を買う可能性のある客は、営業マンとの相性とは関係なく、一定確率でランダムに出現します。営業の成功確率を考える時、客の出現と営業マンの〝苦手による敬遠〟は独立事象同士ですから、掛け算の関係にあります。つまり、営業マンが相手にできる客層の幅によって、商談の成約確率を一気に狭めてしまいます。他の条件が同じであれば、〝相性〟で選ばず客をカバーできる営業マンと、その半分しかカバーできない営業マンでは、営業成績が2倍も違うという話です。

本書をお読みの営業職の方は、自分が無意識で客を選んでしまっている可能性を疑ってみて下さい。また、自分が話しやすい客と、本当に相手にすべき客とは違うことを頭に留めていただきたい。もしも会社のために本当に向き合うべき客が、残念ながら攻撃型や消極型だった場合は、先述したように〝反応型〟のスタイルで対応しましょう。自分にストレスを生じさせる相手のスタイルを、誘導することで無害化するように頑張って下さい。スタイルの幅の狭さは、何よりも自分自身の可能性そのものを狭めているのですから、ぜひ挑戦してみて下さい。

社内マーケティングも全く同じです。私はその〝幅〟の重要性に気が付きました。自分が何かを成し遂げたい時、説得すべき相手は山ほどいますし、自分の相性で相手を選べるような状況ではないのです。私自身の極度に「押し相撲」に偏ったスタイルでは、相手にできる幅が狭すぎました。もちろん、ナスビはいつまで経ってもナスビですから、私のベーススタイルは死ぬまで「押し相撲」でしょう。押しの強さはもともとの特徴ですから、むしろ強みとして大切にした方が良い。ただし、相手によっては押すのではなく引くこと、つまりプル・スタイルも使えた方が、私がリーダーシップ（影響力）を行使できる範囲は格段に広がるのです。

もう少し計算高いことを言えば、ベースのプッシュ・スタイルが強ければ強いほど、たまに繰り出すプル・スタイルはより輝きます。ギャップ効果です。バレーボールで強打スパイクをガンガン撃つエースが、稀に仕掛けるフェイントが面白いように決まるのと同じです。逆もまたしかりで、ベースがプル・スタイルならば、たまに意図的に自分の意見を強く前に押し出せば、周囲はきっと驚きと共に傾聴することでしょう。ここぞという時に、意図的にコントロールされた〝変化球〟は極めて強力です。

そうやって、少しずつで良いので、**自分のスタイルの幅を意識的に広げていく**のです。そうすれば、さまざまな相手や展開に応じて対応できるようになり、自分の中で自信や余裕が生まれてきます。私の場合は、その余裕こそが自分を〝怒り〟による魔界転落を防ぐための命綱になっていきました。

よく考えれば、社内マーケティングで相手にする人たちは、同じ組織で同じ釜の飯を食べている仲間です。最初から敵ではありませんし、自分の心の中で敵を作るべきではありません。今考えると、血気盛んだった昔の自分は、そんなに激しく、一体何と戦っていたのだろうと思います。

私が戦っていたのは、対象となった周囲の人そのものではなく、おそらく自分自身の心の奥底にある〝恐怖〟だったのかもしれません。妥協する、諦める、失敗する、それらの自分に大きな×が付く響きが嫌で、そこに自分を近づける一切の要因と、その要因を作る人間が許せないという〝怒り〟が噴き出す。その根源も自己保存のように思うのです。

そんな私でも、さまざまな経験を積み、たくさんの失敗をして、人の力に支えられ助けられて、少しずつ肩の力が抜けてきました。必死になると見えてくるのは、自分の得意分野と、自分のどうしようもない弱点です。自分の弱点を直視できると、それを補ってくれる人のありがたさもわかるようになります。そうすると、自分や仲間の強みを組み合わせることで生まれる本当の組織の力を実体験するようになる。頭ではわかっていた「人が最も大切」ということが、実は情緒レベルで全くわかっていなかったことが、経験と共に少しずつわかっていく…。

「できない自分」や「できる自分」への執着から離れて、プライドという自己保存に必死だった防御心からも離れて、もっと自由に純粋にやってみたいことに対して意識が向かうようになる。「誰が正しいか」など、本当にどうでもよくなります。「何が正しいか」にしか興味が無くなるからです。だから人の話も素直に聴けるようになり、大切だと思うことならば誰に対しても率直に言えるようになります。周囲や自分をどう活かすか？ 人を活かすために自分は何をすべきか？ 目の前の人の〝仏の部分〟を一つでも多く探すようになり、短所がそれほど気にならなくなります。勝つために何が重要かわかっているからです。

自分の弱点は人を活かすチャンスでもあります。その弱点を埋める人の存在にスペースを作り、力を引っ張り出す自分も同時に光らせます。優れた組織とは、そうやって個々の強みを組み合わせた〝テトリス〟のようなもの…。それが上手い人の周りには、いつしか個性豊かな才能が集まってくるようになります。誰しもが自分を活かせる場所を欲しているからです。

できる自分も良いですが、できない自分も実は素晴らしいのです。

第三部

成功者の発想に学べ!

起点となって世の中を変えた先駆者たち

鈴木敏文氏　セブン＆アイ・ホールディングス 名誉顧問

秋元康氏　作詞家

佐藤章氏　湖池屋 社長

佐藤可士和氏　SAMURAI クリエイティブディレクター

【対談】

鈴木敏文氏

Toshifumi Suzuki

セブン&アイ・ホールディングス 名誉顧問

1932年、長野県生まれ。56年、中央大学経済学部卒業後、出版取次大手の東京出版販売（現・トーハン）に入社。63年、ヨーカ堂（現・イトーヨーカ堂）に転職。73年、セブン-イレブン・ジャパンを設立し、コンビニエンスストアを全国に広め、小売業界を変革した。2003年、勲一等瑞宝章を受章。同年11月、中央大学名誉博士学位授与。経団連副会長、中央大学理事長などを歴任。16年、セブン&アイ・ホールディングス会長兼CEOを退任し、名誉顧問に就任

【鈴木敏文氏の小売業変革の歴史】

20代 ● トーハンで「新刊ニュース」を全面刷新し、部数を26倍に

30代 ● イトーヨーカ堂の東証二部上場を実現

40代 ● 日本初の本格コンビニチェーン「セブン-イレブン」創業

テレビCMコピー「開いててよかった」発案

コンビニ店舗でおにぎりや弁当、おでんを発売

日本の流通史上初の牛乳の共同配送を開始

50代 ● POS（販売時点情報管理）システムを全店導入

60代 ● 倒産した米サウスランドの再建に着手し、3年目に黒字化

アイワイバンク銀行（現・セブン銀行）のATM設置

高品質・高価格の「こだわりおむすび」発案

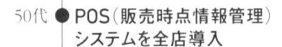

70代 ● セブン&アイ・ホールディングスとミレニアムリテイリング（そごう、西武百貨店の親会社）を経営統合

プライベートブランド（PB）の常識を覆す「セブンプレミアム」発売

新コンセプト「近くて便利」を発案

80代 ● セブンゴールド「金の食パン」を発案し、大ヒット

ネットとリアルを融合した「オムニセブン」を開始

最初に就職した東京出版販売（現・トーハン）時代に陸上部の仲間と（手前右から2人目）

70年代半ば頃のテレビCM。7時から23時までという営業時間の長さや、年中無休であることを訴求

セブンプレミアムは売上高1兆円を超えるメガブランドに

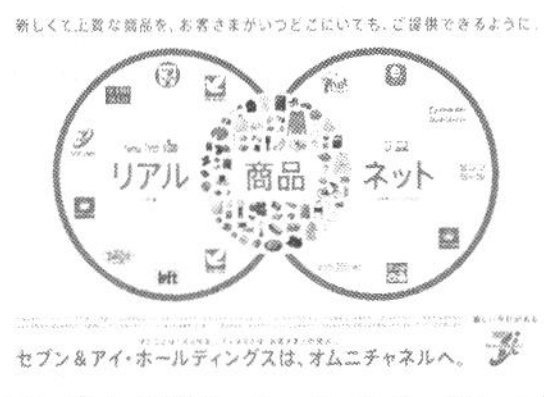

コンビニ、百貨店、スーパーなど、グループの商品をいつでも買えてどこででも受け取れる

80年代のおにぎり。今や代名詞となったコンビニ弁当やおでんも、セブン-イレブンが根気強く販売して定番商品として育て上げた

過去の数字をただ見ていても何ら意味はない
仮説、検証して初めてデータは生きる

森岡　私の大学時代にリアルタイムの経営の教科書として学んだのが、まさに鈴木さんが創始されたセブン-イレブンの成長ストーリーです。今日はお会いできて本当に光栄です。

鈴木　振り返ると、たいしたことはないんですよ（笑）。これから5年先、10年先どうなるかを考えて、逆算して今すべきことを実行してきただけです。

森岡　いえいえ。鈴木さんが発明した日本型のコンビニは、もはや世界に誇る文化です。そもそも、なぜコンビニという業態に着目されたのですか。

鈴木　セブン-イレブンを創業した四十数年前は大型の総合スーパーの全盛時代でどんどん伸びていた。すると財界も学者も流通コンサルタントも、「大型店ができるから商店街は全部ダメになる」と言ったわけです。でも私は、小型店は時代の変化に対応できていないだけで、大型店も小型店も共存共栄できて当たり前という考え方だった。

森岡　〝常識〟を疑ったのですね。

鈴木　そんな時、米国の視察中に偶然セブン-イレブンに立ち寄った。帰国後、調べて驚いたので

すが、運営するサウスランド社は全米で４００店も展開する成長企業。それ見ろ、大型店が多い米国でも小型店がしっかり成り立っているではないかと。社内外の反対論はすさまじかったのですが、それを押し切って提携にこぎ着けた。

森岡　社内をどう説得されたのですか。

鈴木　私はたまたまトップに恵まれた。イトーヨーカ堂創業者の伊藤雅俊さん（現・名誉会長）も反対はしていましたが、理解のある人で、最後は「あいつがあんなに言うんだから」と折れてくれた。ダイエーの中内㓛さん、セゾングループの堤清二さん（いずれも故人）のような強烈な経営者だったら、私はとっくに潰されていたでしょうね。

森岡　周囲に反対されても突き進んだのは、小型店の新しいモデルがないことに対しての思いが強かったのですか。

鈴木　これだけ生活が変わっているのに、商店街は依然として酒販店や雑貨店などの専門店の集合体で昔のまま。人間は、善い悪いはともかく過去の伝統を重んずるもので、そこから物事を発想しようとする。でも、何かがダメになるということは時代の変化に対応していないからであって、逆に言うと、それを見つければチャンスですから。

森岡　そういうお考えや発想を共有できる経営幹部はいましたか。

鈴木　こんなこと言っちゃうとダメだけど、いませんでしたね（笑）。

森岡　私も前職のＵＳＪで映画『ハリー・ポッター』の新施設を造る際は、数学的な検証とアイデアへの情熱でトップを巻き込みました。当時の売上高の半分以上に当たる約450億円を投じる社運を懸けたプロジェクトだったので当然ですが、反対派が多勢で。

鈴木　その困難をどう乗り越えた？

森岡　USJが将来どう変わっていくか、そのためにこのエリアを造ることがいかに重要なのか、3つの違う考え方の需要予測モデルで数学的に徹底的に検証。高い成功確率があることを、熱を込めて訴え続けて突破しました。

データに振り回されるな！

鈴木　私もいつも「データを検証しろ」と言っていました。でも、ご存じのように、データにとらわれ過ぎてもいけない。過去のデータの積み上げでこういう結果が出たからとか、環境が違う統計数字を持ってきて判断するのは極めておかしい。最初に仮説を立てて、その結果を検証するために分析することにしかデータの意味はないのです。私は「データ主義の経営者」とよくいわれましたが、最も重要なのは新しい仮説を発想することですね。

森岡　同感です。数字というのは、個別の事情、個別の文脈によって意味が違ってくる。USJでは、すべてのアトラクションの人気度などを独自で調査していますが、例えば大人が楽しむ施設と小さい子供も遊べる施設のデータを比べても意味はない。それぞれの数字を読み解くには明確な仮説が必要です。鈴木さんは、仮説の重要性を社内でどのように浸透させたのですか。

鈴木　やはり、失敗を恐れずに仕事を任せ、サポートして成功体験をつくらせる。自分で考えたことだけではダメなのだと自覚させることしかないでしょうね。私は82年に日本で初めてＰＯＳ（販売時点情報管理）システムの導入を始めましたが、例えば前日ある商品が何十個も売れたというデータが出てくると、明日も同じように売れると考えてしまいがちです。ＰＯＳデータは、明日のお客様のニーズについて自分で立てた仮説を検証し、売れ行きの速さなどから新しい売れ筋商品についての仮説を持つことに使うものであって、手段と目的を混同してはいけない。現役時代は、隔週火曜日に全国各地から３０００人近くの社員を東京の本部に集めてＦＣ会議を行い、そこで理念を繰り返し伝えてきました。

森岡　莫大な経費がかかりますね。

鈴木　意味があることには経費は惜しみません。年間で約30億円はかけていました。経費ということでは、競合コンビニのなかで加盟店が本部に支払うロイヤルティ（権利利用料）が最も高いのはセブン‐イレブンです。しかし、例えば水道光熱費は80％が本部負担。なぜかというと、24時間営業だと電気代も高額になるので、店の負担が重ければオーナーは照明を暗めにして節約します。そうしたら、当然売上は落ちる。これが人間の心理ですよ。その結果、長らくセブン‐イレブンは、１店舗当たりの平均日販で他チェーンに10万円以上も差をつけています。

森岡　本部と店舗の権限委譲のバランスはどう考えられたのですか。

オムニチャネルの真価は「商品開発」にあり　コンビニはロボット化するより人間重視に

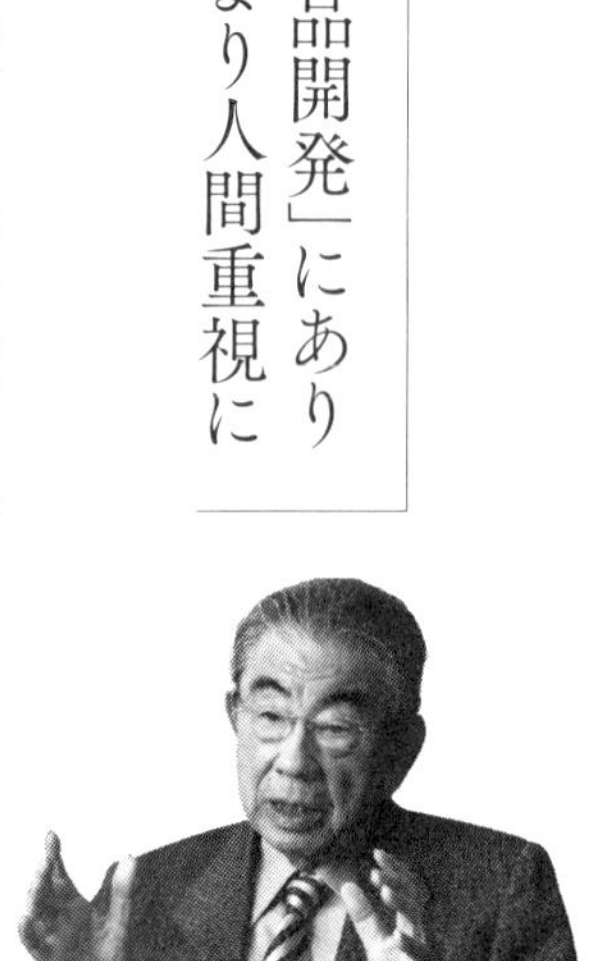

鈴木　優れた商品開発で全体を引っ張っていくという意味で、6割は本部です。後の4割が発注を含めた店舗オペレーション。創業時、米国のセブン-イレブンから開示された経営マニュアルは27冊もあったのですが、チェーン運営のノウハウは全くなかった。発注業務にしたって、私は店舗のアルバイトやパートに任せてやる気を引き出し、個々の店の事情に合わせて発注する形にしました。一方米国は本部で一括発注し、自社所有の巨大な物流センターからトラックで店舗に届けるだけ。米国は人件費が高いから、それが合理的だという発想です。その意味では、今のセブン-イレブンの仕組みというのは、完全に私の手作りですよ。

森岡　しかも、その成功モデルを米国に逆輸出し、経営破綻したサウスランド社に乗り込んで〝本家〟の再建を成し遂げられた。そんなケースはセブン-イレブン以外では思い付きません。経営学の世界では米国モデルが優れていると刷り込まれますが、セブンの成功は日本人としてすごく痛快です。

鈴木　今セブン-イレブンは、世界で6万店を超えるほどに成長していますが、結局重要なのは、過去の延長線上で物事を考えないことと、お客様の立場で考え抜くことなのです。例えば、07年にプライベートブランド（PB）の「セブンプレミアム」を立ち上げた時、流通の既存のPBはナショナルブランド（NB）より安いのが一般的だったので、担当者は「うちも対抗したい」と言う。これに対して私は、「低価格よりも質を徹底して追求するように」と指示した。しかも、コンビニからスーパー、百貨店まで同じ値段で販売する。すると、例えばスーパー側は定価販売のコンビニや百貨店と同じ価格では競争できないなどと、三者三様の言い分で猛反発。でも私は「いいからやれ」と一喝した。そもそも業態の違いは、売り手側が観念的に決め付けているものであって、お客様にとっては買う店はどこでもいい。「これは200円を出しても買う価値がある」と思ってもらえる商品を作ることが重要です。売り手側が「お客様のために」と考えることはたいてい押し付けになり、「お客様の立場で」考えることとは全く違う。

森岡　原価率を低く抑えて安く売ることは、誰でもできることなのですぐ価格競争に陥る。その点、セブンプレミアムはNBすらも通り越して質的に明らかに上に行こうとしていて、それが消費者に認知されています。すごく美しい持続可能なPBのモデルですよね。

鈴木　商品開発の考え方の基本は、「おいしいものほど飽きる」ということ。だから私は、13年に出したセブンゴールドの「金の食パン」も、発売日にリニューアルの指示を出した。1年で3回も改良して、販売数は1年間で3500万食と売れ筋のNBの2倍に相当する大ヒットになりました。

森岡　あれはNBより高いですね。でも、おいしいからつい手が伸びる。

鈴木　私が金の食パンを発案した時も、開発メンバーの反応は否定的でした。セブンプレミアムの上位ブランドで、「レストランや専門店と同等以上の品質を手頃な値段で提供する」というものなので、価格はNB商品よりも高い。セブンプレミアムの成功体験があっても、「PBはNBより安い商品」という固定観念に縛られていたのです。今、日本の消費環境は戦後の「メーカーによる合理化の時代」から「流通による合理化の時代」に移り、さらに「消費者による生活の合理化の時代」に入りました。この時代は価格ではなく、消費者は商品の質に対してお金を払う。

森岡　良いものは、少し高くても手に入れたい。人間の根源的な欲求ですよね。USJの場合、業界全体の価値を高めるために入場料を上げました。というのは、私が入社した10年当時は大人1日料金が5800円。これは海外の相場の半分程度で、日本人の購買力から考えても、USJのクオリティから見ても、あまりにも安かったのです。

私はこれを変えるために新規のアトラクションを追加するなど、毎年パークの魅力を存分に高めたうえで値上げし、最後は7600円まで引き上げました。それでUSJの集客がどうなったかというと、入社当時の730万人から6年間で約2倍になるまで成長した。消費者にとっては「欲しいものであるかどうか」が問題であって、安さは必ずしも価値ではないということです。

「近くて便利」は進化する！

森岡　今は、大きな技術革新が起きにくく、激しく物欲を刺激されるものがない状態。そのなかで、消費者が選ぶものは珍しいもの、クオリティが高いものに先鋭化されています。とすると、顧客目線でどれだけ徹底した意志決定ができる会社なのかが生き残りのカギを握る。鈴木さんは、今後の小売業のあり方はどうなると見ていますか。

鈴木　ネットとリアル店舗の融合、すなわち「オムニチャネル」が新しい流通の形だと今でも思いますね。私が15年に本格稼働させた「オムニセブン」は、コンビニ、スーパー、百貨店などセブン&アイグループのあらゆる業態が扱う商品を24時間どこでも買えて、都合の良い場所や時間で受け取れるという世界でも類を見ない取り組みです。そして、その本質は、「商品開発」にある。よくアマゾンなどのネット通販と一緒にされたのですが、彼らは圧倒的に多くの商品を品ぞろえし、ユーザーが選んだ商品を迅速に届ける〝物流会社〟でしょう。それに対し、私が志向するオムニチャネルは、新しい商品を自ら生み出し、ネットとリアルの良さを生かしながらヒット商品に育てていく「ふ化装置」の役割を果たすもの。今、元気がある企業は、ニトリにしろユニクロにしろ、「製造小売業」の業態を取りながら、新しい発想で良いものを生み出している会社ですからね。

森岡　今、総合スーパーがなぜ苦しいかというと、商圏の人々の高齢化が進んで、1人当たりの購買力が落ちていることも原因だと思います。百貨店は郊外に人が移るにつれて生活者との距離が遠くなり、郊外に総合スーパーも進出しているから、さらに苦しい。

鈴木　確かに今は単身世帯や夫婦二人暮らしの高齢者層が増えていて、遠くに買い物には行けない。すると、やはり近くて便利なコンビニがいいとなる。

森岡　私が小売業界を分析したところ、1人当たりのGNP（国民総生産）の変化と小売業態の多様化の流れというのは、完全に数学的に相関しています。1人当たりのGNPが一定の水準を超えたからコンビニ業態が成立し、そして今後、高齢化が進んでいっても栄え続ける可能性が高い。ですから、私はコンビニ飽和論には大反対です。コンビニの「近くて便利」という価値は普遍ですが、さらにその先はありますか。

鈴木　やはり店舗から商品をしっかりと自宅に届ける。お客様の健康状態を含めて生活スタイルをチェックしてあげる付加サービスですね。セブン-イレブンは、2000年からコンビニ業界でいち早く食事の宅配サービス「セブンミール」を開始しています。今、ネット通販を巡る宅配の増加が問題になっていますが、セブンミールは店舗のスタッフが配達する仕組み。店舗にインセンティブが入る他、配達時に店にある商品の注文を取ることもできるので、順調に伸びているのです。

森岡　あらゆる生活シーンの拠点、社会インフラとしてコンビニを位置づけると、まだ他のカテゴリーを取り込む余地がありそうです。例えば、鈴木さんが01年に設立されたセブン銀行（旧アイワイバンク銀行）が代表例ですが。

鈴木　コンビニは、やはり人ですよ。今、他のコンビニチェーンで人手不足ということを理由にロボット化を進めていて、米国でもAI（人工知能）を駆使して会計を完全自動化したアマゾン版コンビニの「アマゾンGO」が話題になっていますが、その方向性はちょっと疑問。要するにコンビニに買い物に来る人はコミュニケーションも求めていて、人と接触したいのです。

森岡　高齢化社会が進展するほど、その側面は強くなりますね。

鈴木　だから機械化すればいいという問題ではなく、むしろ、その逆です。例えば、モノを運ぶことだったら、自動運転の技術を取り入れればいいのですが、ビッグデータもAIも、コンピューターは仮説を生み出しません。結局のところ人間を支援する機能であり、人間が中心であることに変わりはない。

森岡　鈴木さんは思考の根っこの部分がすべて顧客目線で、すごく理にかなっています。しかも、それが今の文脈ではなくて、未来型の視点で物事を考えて判断されている。だから、常に先頭を走り続けてこられたのですね。

鈴木　いずれにしても世の中は変わる。次の時代は森岡さんのような方の若い力に期待していますよ。

※この対談は株式会社 刀の設立を正式発表する前に実施。
（「日経トレンディ」2017年5月号掲載）

【対談】

秋元康氏

Yasushi Akimoto

作詞家

1958年、東京都生まれ。高校時代から放送作家として仕事を始め、「ザ・ベストテン」など数々の番組の構成を手がける。83年以降、作詞家として美空ひばりの「川の流れのように」をはじめ、ジェロの「海雪」(第41回日本作詩大賞受賞)、AKB48の「フライングゲット」(第53回日本レコード大賞受賞)などの多数のヒット曲を生む。テレビ番組の企画・構成、映画の企画・原作、CMの企画、漫画の原作など、多岐にわたり活躍する天才クリエーター

【秋元康氏のヒットの軌跡】

1983年〜 **作詞家として、多数のヒット曲を生み出す**

稲垣潤一の「ドラマティック・レイン」の作詞を手がけて以降、85年におニャン子クラブの「セーラー服を脱がさないで」、89年には美空ひばりの「川の流れのように」がリリースされるなど、ヒット曲が多数。

1991年〜 **映画監督、ホラー小説の執筆とマルチに活躍**

91年に松坂慶子、緒形拳主演の『グッバイ・ママ』で映画監督デビュー。その後、ホラー小説の『着信アリ』シリーズを上梓し、映画やテレビドラマとしてメディアミックス展開される。『着信アリ』は、ハリウッドリメーク版も製作され、人気を集めた。

選抜総選挙は、AKB48のシングル選抜をファン投票によって決定するイベント。指原莉乃が初の1位となった13年など、メンバーの順位づけが明確になるため、毎回ドラマが生まれる。

2005年〜 **「会いに行けるアイドル」AKB48が始動**

東京・秋葉原の専用劇場で、ほぼ毎日公演を行うアイドルグループ、AKB48をプロデュース。「ヘビーローテーション」「フライングゲット」「恋するフォーチュンクッキー」などのヒット曲を生み出し、一躍、国民的アイドルに。後に、公式ライバルの乃木坂46（2011年）、欅（けやき）坂46（2015年）が誕生。

17年5月〜 **デジタルアイドルをプロデュース**

アニプレックス、ソニー・ミュージックレコーズとタッグを組み、秋元氏が総合プロデュースする、「22/7（ナナブンノニジュウニ）」。キャラクターに声を当てる少女たちは、1万人以上から選出された。

22/7は「0から1を作り上げる究極の創作アイドルがどこまでできるか、挑戦していきたい」（秋元氏）

森岡　私は、前職のＵＳＪ時代、数学を駆使したマーケティングでビジネスの成功確率を高め、実績を上げてきました。だから、秋元さんのように、これだけ長い間ホームランを打ち続けられる方は本当に珍しく、その難しさも痛感しています。今日は、その発想法を学びたくて楽しみにしてきました。

秋元　僕は40年以上この仕事をしているのですが、そのうち30年間くらいは思うように企画が通りませんでした。僕らの世界は正解がないんです。例えば、美空ひばりさんの「川の流れのように」の歌詞を皆さんに褒めていただきますが、もしかしたら、あのメロディに別の歌詞を乗せていたらもっと良かったかもしれません。ですから人を納得させるのは非常に難しくて、30年かけて少しずつ、少しずつ実績を積み重ね、「あいつの言うことに乗った方がいい」と思われるようになってきたことがベースにあります。

森岡　なるほど。私の場合は、ビジネスの世界である程度の人が共通で信じる「数字」を武器にして、なぜこのアトラクションが当たるのか、客観的に説明してきたことが奏功しました。当時のＵＳＪは集客数が低迷しており、変革しなければという危機感もありましたね。とはいえ、最初から約４５０億円も投じた「ハリー・ポッター」の施設を造れたわけではありません。小さなイベントから一つ一つ成功させて、我々が示す「数字」に対する信頼感を蓄積し、ようやくたどり着きました。

秋元　つまり企画を通すこと自体に早道はないですよね。一方、ヒットする企画の秘訣はというと、いつも僕が考えるのは最大公約数より「最小公倍数」を狙うということ。太陽光線が虫眼鏡を使って1点に集中させないと発火しないのと同じで、ターゲットはギュッと絞る。まさに当初のAKB48がそうで、250人収容の秋葉原の劇場でいくら人気があっても一般大衆には届かないわけです。しかし、その熱狂的なファンの〝火種〟があることで、ある時「選抜総選挙」のような仕掛けをすると、一気に大衆に認知される。つまり、「人気」と「認知」は違うもので、認知は結果だということです。昭和の時代と違い、今は国民的なスターが生まれにくいのですが、ある層で発火したものを延焼させることはできます。

森岡　私は、USJ在籍時に『進撃の巨人』や『エヴァンゲリオン』などの特定のファン数が見込める強いコンテンツと早い段階でタッグを組み、集客する方針を取り入れました。自宅でDVDを見るより入場料（大人1日7600円 ※対談当時の金額）の方が高いですが、我々が付加価値を加えて世界最高の技術でアトラクション化すると、その価値を認めてくれたのです。

秋元　ほとんどのアイドルの場合、CDを複数枚買ってくださるコアなファンに対して、さらにお

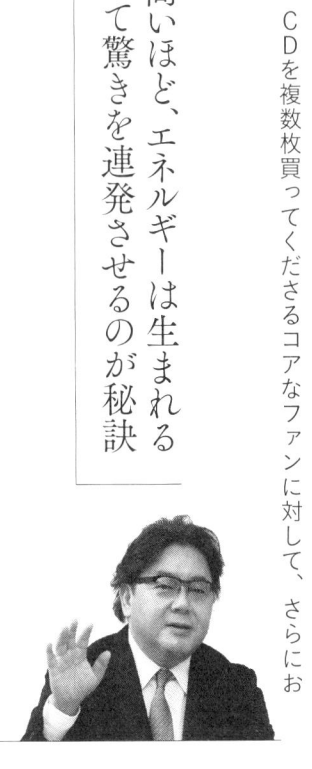

摩擦係数が高いほど、エネルギーは生まれる
予定調和を壊して驚きを連発させるのが秘訣

金を使ってもらう企画を打つのですが、僕は違います。例えば、ＡＫＢ48の「365日の紙飛行機」という曲は、ファンはもっとアイドルらしい曲がいいと思ったかもしれません。しかし、ＡＫＢ48のことを好きでも何でもない一般の人に広めるには、ＮＨＫ連続テレビ小説の「あさが来た」で曲が流れて、いい曲だと頭に残るという状況が必要でした。恐らくＵＳＪでも、仮想敵はディズニーランドではなくて、全くテーマパークに行かない人に来てもらうきっかけは何かということでしょう。

森岡　実は今、秋元さんがされた話を、拙著の『確率思考の戦略論』（ＫＡＤＯＫＡＷＡ）でＡＫＢ48を例に披露していまして（笑）。その本で私は、マーケティングの本質は、自社が育てたいブランドに対しての「マーケット全体の投票数を増やすこと」だと説明しています。投票数を増やす戦略オプションは2つありまして、一つはＡＫＢ48のＡ子さんが既存のファンに対して付加サービスを提供し、そのなかで1人当たりの投票数を増やすこと。垂直方向の拡大ですね。しかし私の経験上、新規ユーザーを開拓する水平拡大の方が勝算は高い。世の中で本当に大きなウエーブを巻き起こすのは、秋元さんがＡＫＢ48でされたように垂直方向の焦点の強さを持ちながら、それを水平方向に価値の連鎖を広げていく戦略を取ることだと思います。

秋元　ロジックで整理されると、わかりやすいですね。僕が本能で、あるいは経験で感じるのは、ＡＫＢ48でも、乃木坂46や欅坂46（坂道シリーズ）でも、スタッフに一番言うのは、「希薄化させるな」ということ。僕がメンバーを突然移籍させたり、組閣したりと、ファンを飽きさせないことが連続して起こるから目を離せないのです。いつもファンの間でブーイングが起こりますが、摩擦係数が高ければ高いほどエネルギーは生まれますから。結局、「好き」の反意語は「嫌い」ではなく、「無関心」ですよね。AKB48の新曲をリリースしても、無関心で聴いてすらもらえないのが一番つらいじゃないですか。

森岡　秋元さんは、人の気持ちや興味を動かすエネルギーを生み出すために、かなり意図的に摩擦を起こすのですね。

秋元　それは、やはり振り子の理論です。物事は時間が経つとたいてい予定調和が生まれるので、わざと逆に振る。AKB48選抜メンバーの16人は、最初は僕が全部決めていたのですが、そのうち「秋元の目は節穴か」となる。それならファンの皆さんに決めてもらおうと、選抜総選挙が生まれました。しかし今度は、「テレビで露出しているメンバーが有利じゃないか」と、また不満が出る。そこで、公平な「じゃんけん大会」の企画に発展したのです。

森岡　AKB48は、世代交代などもあり、当初の熱が薄まらないようにするのはずいぶん苦労されているのでは？

秋元　実は今、AKB48にとってはすごくいい環境です。というのも、坂道シリーズの方に勢いはありますが、マイナスは最大のプラスなのです。時代はもぐらたたきみたいなものなので、みんなの関心が他に移っている時の方が次の仕掛けをやりやすい。例えばAKB48は今年（2017年）、プロレスの深夜ドラマに挑戦しています。歌とダンスのパフォーマンスではない〝肉弾戦〟の世界で、美少女たちの何か面白さが引き出せるのではと考えたわけです。

森岡　そうしたアイデアは中長期でデザインされていますか。それとも、ある時頭の中に降ってくるのですか。

秋元　当初からプロレス的な発想がありましたね。指原莉乃のスキャンダルがあった時も、当時立ち上げたばかりのHKT48（博多）に電撃移籍させたり。彼女は左遷ではなく、HKT48を盛り立ててほしいと送り出しました。すると、「サラリーマンなら、2年で本社に帰ってくれば幹部になれるな」などと、多くの人が自分になぞらえて楽しんでくれたのが面白いなと思います。

森岡　ストーリーに共感性がありますよね（笑）。私は秋元さんのように驚きのアイデアが湧き出るタイプではないのですが、少し共通点があると思うのは、何を達成したいのかという目的を先に考え抜くこと。そのうえで、使える条件や材料をそろえて何通りもアイデアを考えるのですが、みんなが思い付くようなものは最初に全部捨てていく。要は、自分の頭に無意識のうちにある先入観の外に出る作業を必死でしたことで、USJ時代は後ろ向きに進むジェットコースターなどのアイデアをひねり出しました。

秋元　何かを発想する時に重要なのは、「最初から制限をつくらない」ことです。例えばテレビ番組を作る場合、この時間帯の視聴者はこんなものを望んでいるとか、マーケットを先に考えると予定調和に陥ります。また、「記憶に残る幕の内弁当はない」というのも持論。例えば僕が、特定の温度で焼いたハンバーグ弁当を作ろうと言うと、議論しているうちに健康に配慮して野菜や魚も入れましょうよとなりがち。自分が面白いと思ったことを貫く勇気は必要です。1品でやればやるほど勝つ確率は上がると思うのです。さらに僕は、「あの何とか」と呼ばれるように「あの」の部分をつくることを毎回考えています。AKB48にしてみたら、グループ名は覚えていなくても、「秋葉原の何か劇場のアイドル」と言ってもらった時に勝ったと思うわけです。

マーケ視点でエンタメが変わる

森岡 私はUSJ時代、強烈に消費者に好かれる、相対的なブランドの強さを測定していました。「プレファレンス（好意度）」と呼んでいますが、これを定点観測して、何をやるとどう変化するのか、全部モデル化したのです。それによって、例えばハリー・ポッターの施設にいくら投資したらどの程度プレファレンスが上がり、巨額投資に見合うリターンを得られるかどうか。ある程度未来の予測ができました。マーケティングというと、単なるリサーチ調査のイメージもありますが、消

本当のクールジャパンとは、自信を持つこと
海外の物まねではなく、日本独特の作品こそ強い

費者に聞いてもたいてい答えはありません。不確実性の高いエンタメの世界なら、なおさらです。そのなかで、需要予測のアプローチが通用することを証明できたのは意義深いと思っています。

秋元　信頼できるデータがあるとして、それをマーケティング的に分析すると、結局、事実は1つなので、どこの会社がやっても同じ結論になりませんか。

森岡　同じサンプルで、みんなが同じ能力ならそうなります。しかし、実際はデータの質や分析の仕方には雲泥の差があります。結局データを読み解くのは人間が仮説を持ってやりますから、実はかなりアナログの領域が広くて、そこが面白いなと。ＵＳＪでは、私が最初に勝てる確率の高いフィールドを見つけ出し、そこでクリエイターの方々に力を発揮してもらいました。その際、「誰をどう喜ばせたいか」という最後の着地点を明確にして、仕事を依頼します。「最新のＶＲ（仮想現実）技術で何か」というふうに入り口を設定してしまうと、クリエイターの情熱がそがれるような気がしているのです。

秋元　同感です。今、僕のところには、いろいろな人がＶＲやＡＩ（人工知能）といった最新テクノロジーを「何か使えないでしょうか」とプレゼンに来ます。でも、これは発想が逆だと思います。僕が「こういうことをやりたい。今のテクノロジーで何とかならないの？」という順序なら、面白いものができるかもしれません。その点、森岡さんは経営者的に俯瞰で見ていますし、理想的なプロデューサーですね。僕は、もっとクリエイティブに軸足を置いたプロデューサーで、どれくらいの費用でやれば採算が合うかということは、あまりタッチしていませんから。

森岡　秋元さんがそこまでやると、他の人の仕事が全くなくなってしまいます（笑）。私がＵＳＪで痛感したのは、秋元さんが先導する日本独特のアイドル文化や漫画、アニメが世界でものすごくニーズがあるということです。旬の人気作品をテーマに展開する「ユニバーサル・クールジャパン」を15年から始めて、それこそ世界各国から大阪まで駆け付けてくれました。

秋元　クールジャパンとは、日本人が自信を持つことだと思っています。僕らの世代は欧米に対するコンプレックスがあって、しばらくは海外の音楽や映画のようなものを作りたいと、向こうばかりを見ていました。でも、ホラー小説の『着信アリ』（ＫＡＤＯＫＡＷＡ）を書いて意識が変わりました。日本で着信アリが映画化されると、すぐにハリウッドからリメークの話が来たのです。アイドルもアニメも同様です。要するに海外の物まねではなく、自分たちがいいと思った作品を生み出していけば、おのずと海外からの関心は集まるということだと思います。

森岡　ＵＳＪのクールジャパン企画も、インバウンド客を呼ぶ目的以上に、日本人に日本をクールだと思ってもらうためのイベントでした。ディズニーには決してできないことなので、ＵＳＪがやるべきだと。実施してみると、日本の優れたコンテンツの顧客満足度は、驚くほど高かったのです。実は、ＵＳＪでの実績が日本のコンテンツの世界価格を押し上げるきっかけになっていて、それを原資に次のクリエイティブが生まれていけばいいのですが。

秋元　日本のエンタメ業界は、ようやく産業として成熟化してきたので、これからは経営やマーケティングの視点も大事。森岡さんのような方が必要なのだと思いますね。

（「日経トレンディ」２０１７年７月号掲載）

【対談】

佐藤章氏

Akira Sato

湖池屋 社長

1959年、東京都生まれ。82年、早稲田大学法学部を卒業後、キリンビールに入社。97年にキリンビバレッジ商品企画部に出向。99年に発売された缶コーヒー「FIRE」を皮切りに、「生茶」「聞茶」「アミノサプリ」など、年間1000万ケースを超える大ヒットを連発。2008年にキリンビールに戻り、九州統括本部長などを経て、14年にキリンビバレッジ社長に就任。16年にフレンテ（現・湖池屋）執行役員兼日清食品ホールディングス執行役員に転じ、同年9月から現職

【伝説のマーケター・佐藤章氏の歩み】

82年～ **キリン時代**

飲料大手のキリンビバレッジに出向した佐藤氏は、缶コーヒーの「FIRE」や、「生茶」など大ヒットを連発。その後、キリンビールに戻り、主力の「一番搾り」のリニューアルや、世界初のアルコール0.00%のビールテイスト飲料「キリン フリー」を手がけるなど、ヒット街道をひた走ってきた。14年にキリンビバレッジ社長に就き、「生茶」の大リニューアルを決断。16年に再びヒット商品に返り咲かせた。

FIRE（99年～）
エンボス加工の缶、じか火焙煎、スティービー・ワンダーを起用したCMなど、すべて斬新

生茶（2000年～）

うまみと甘さが引き立った新感覚の味わい、かつ緑茶飲料に「生」という新概念を持ち込み、大ヒット。16年の商品刷新で復活を遂げた

キリン フリー（09年～）
世界初のアルコール0.00%で、飲酒運転撲滅のための社会貢献も果たした。東京湾アクアライン「海ほたる」でアピール

16年～ **湖池屋時代**

佐藤氏は、湖池屋の強みの原点である「老舗」と「国産」を突破口に攻勢をかける。17年2月に発売した「KOIKEYA PRIDE POTATO」は、創業時の味づくりに向き合い、改良を重ねた。その一方で、ポテチ界のセオリーから外れた斬新なスリムパッケージを採用し、女性の目も引き付けた。発売5カ月で出荷額が20億円を突破し、新生・湖池屋のヒット第1号に。

湖池屋の新マークをあしらった老舗料亭のイメージ

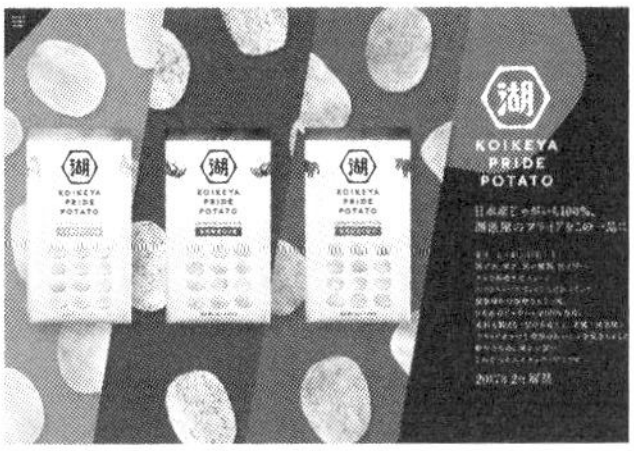

KOIKEYA PRIDE POTATO
国産ジャガイモ100%、理想のおいしさを追求したプレミアムポテチ。17年2月の発売からすぐに品切れが続出。同9月に手揚げ食感の2品も追加

女子高生が抜群の歌唱力で、「100%日本産のいもを使っている」と絶唱するCMも話題

定番の「スコーン」を濃厚な味わいにした「スゴーン」も好評（17年7月発売）

目指すは、「ポテトチップス界の虎屋」老舗イメージを「現代の憧れ」に転換したい

森岡　佐藤さんのようにスターマーケターの道を歩まれた方が、経営者として活躍するケースは日本ではまだ珍しいので非常に励みになります。マーケター出身社長の悩みどころかと思うので最初にお聞きしたいのは、社長業に専念するのか、マーケターとしての強みを生かすのか。佐藤さんの心の中の割合は今、どのようなバランスですか。

佐藤　正直、心の中ではいまだにマーケター7割、社長業3割です（笑）。実際は投資計画や会社組織のことなど全体を見なければなりませんから、そうも言っていられませんが。でも、私自身はやっぱりマーケティングが大好きなんですよ。結局のところ経営者が一番大事にしなければならないのは、「お客様の満足」です。すなわちマーケティングの視点がないと、いくらコストダウンをしても何も生まれません。

森岡　すごく共感できるお話です。私は最近、いろいろな会社から経営相談を受けることがありまして、過剰在庫や物流システムなど抱えている課題はさまざま。ですが、たいていの問題の本質はそこにはありません。そもそも売れないものを作るから在庫が増し、物流も複雑になっているので

す。だから私は、まず消費者を見て「売れるものを作る」ことに全力投球できる組織に変えることを勧めます。マーケティング部門が全体をリードし、生産や物流、商品開発などのプロ集団と一緒になって会社を動かす仕組みです。

佐藤 同感です。お客様視点が徹底されれば、問題の8割方は解決できます。

森岡 企業戦略の本質は、要するに他社のブランドよりも、相対的に自分たちのブランドが消費者に好かれる状態をつくるということに尽きますから。

佐藤 まさに私がキリンでやったことも、湖池屋で今取り組んでいることも、消費者の「好意を巡るバトル」です。

森岡 好意を獲得するための方法論は、マーケターそれぞれ。私は数字を分析し、そのなかから成功確率の高い戦略を見つけ出すことが得意です。一方、佐藤さんはこれだけヒット商品を生み出してきた方なので、頭の中に勝ちパターンがあって直感的にアイデアがひらめくのだろうなと拝察していました。

佐藤 いえいえ、そんなことはありませんよ。結局は、自分が信念を持って突き詰めて考えることにしか正解はないはずです。私が何か発想する時は、最初にターゲットを絞り込んでうんぬんといったマーケティングの教科書的なことは一切考えません。何より自分の感覚を信じていて、私が一人の顧客になって、どうなれば自分なら買うのかを問います。世界初のアルコール0・00％のビールテイスト飲料「キリン フリー」を作った時がそうでした。

森岡　ビール会社から完全ノンアルビールの発想が出たこと自体、かなり思考のジャンプがあって驚きでした。

佐藤　フリーの開発を始めた07年当時、飲酒運転による重大事故が起き、「このままではアルコールが社会の敵になってしまう」という自分の義務感が発想のベースにありました。運転前に安心して飲める商品を求める声も多かったですね。でも、醸造したビールから完全にアルコールを抜くのは難しいというのがビール会社の常識。その一方で、缶チューハイや清涼飲料は、フレーバーや香りを足す発想で商品を作っています。そこに頭が切り替わった時、酵母を使わずにビール風味を出す突破口が生まれたんです。心意気は、目指せ「キリンのプリウス」ですよ。

森岡　今では他社の参入でノンアル市場が拡大して、ビール好きの中高年の他、若い世代や女性も飲んでいます。

佐藤　ありがたいですね。若い世代といえば、今でも思い出すのは、ある時ビールの本当のライバルは缶チューハイやワインではないと気づいた際のショックです。ゲームやスマートフォンなど、業界をまたいで使う時間やお金を奪われているのが現実でした。

森岡　その気づきはマーケターの一番大事なところですよね。自分の商品が買われている根源的な理由は何かを考え、視野を広げて本当の競合を把握する。USJのようなテーマパークも、実際はスマホがかなりの脅威でした。

佐藤　どの分野も完全にボーダーレスになりましたね。だからこそ、あらゆる市場を俯瞰で見る目が求められます。

森岡　その通りです。ですから、私はＵＳＪ時代、カテゴリー間の競争に勝つためにテーマパークの価値を高めて段階的に値上げをし、さらに魅力をアップするための再投資可能なビジネスモデルをつくってきました。現在は1日券（大人1人）が税込み7600円（※対談当時の金額）。テーマパークに来場するのは平均で2〜3年に1回なので、多くの人が毎月1万円前後もスマホ代を払っていることを考えれば少ない出費です。重要なのは相対的なチョイスの問題で、選ばれる必然、魅力があるかどうかです。

佐藤　よくわかります。スマホでは絶対に買えないものがＵＳＪにはあって、訪れた時の自分の高揚感、つまり憧れを買っている。その強みを伸ばすと。私も食品の価値根源を突き詰め、他のカテゴリーと比較ができない強みを持ちたいと思ってやまないんですけどね。

世の中を元気にするのが仕事

森岡　その点、佐藤さんが率いる新生・湖池屋のフラッグシップ商品「コイケヤ プライドポテト」は素晴らしい。このネーミングは「フライドポテト」に掛けた単なるダジャレではなく、そこに老舗のプライドや、国産原料100％の本格感というブランドの価値をすべて埋め込んでいます。まさに一石三鳥のアイデアだと思いました。

佐藤　私は、「ポテトチップス界の虎屋」を目指したいと思ったんです。湖池屋は1967年に日本で初めて本格的にポテトチップスを量産した会社で、「のり塩」味の元祖でもあります。しかし、外部から来た私からすれば、この20年ほど組織や社名の変更を繰り返すなかで、固有の強みである老舗イメージが薄れているように見えました。それを「現代の憧れ」にうまく転換し、今のお客様にラブコールを送って振り向いてもらうために、まずは「企業の顔」をつくろうと。16年10月に社名をフレンテから湖池屋に戻した際、六角形の中に「湖」の字を配した新しいマークを採用したのに続き、老舗のプライドを懸けて理想のおいしさを追求したフラッグシップを投入したのです。

森岡　なるほど。特別感を強調したブランド戦略は、カテゴリートップ企業では選択しづらい面がありますし、本物の老舗である湖池屋しかできないことです。伊藤園の「お～いお茶」のように圧倒的なブランドがあるなかで、佐藤さんが特別感のある「生茶」で切り込み、大ヒットさせたことと構造的には似ているのかもしれません。ニッチを狙うのではなく、ど真ん中の提案をしていることが肝だと思います。

佐藤　ありがとうございます。当社には非常にユニークで強いブランドの「カラムーチョ」がありますが、一方、実は通常のポテトチップスは、「どのメーカーも変わらない」と消費者が思っている面もあるのではという仮説を持ちました。そこで、初めに振り切って中身のグレードを上げ、国産原料100%、老舗が作った「湖池屋のポテトチップスでございます」と名乗りを上げたのです。私が大切にしているサプライズ感もありますし、価格が少々高くても、やはり「上質ど真ん中」の商品にはお客様が反応してくれました。

森岡　湖池屋が奮起することで、他社も刺激されて良い商品が生まれるはずです。そういう意味では、ＵＳＪがＶ字回復してから、オリエンタルランドもディズニーリゾートの値上げに踏み切っていますし、新たな投資計画も発表しています。それぞれが強みを伸ばすことで業界の価値が上がるのは、非常に良いスパイラルだと思います。

佐藤　業界各社はライバルである以前に、お客様の満足をつくる同盟軍です。切磋琢磨するなかで、お互い似たようなことをやっている場合ではありませんよね。今は日本というキャンバスの中で魅力的な絵を描くと、自然と世界の人たちが注目してくれる時代です。そのチャンスを活かして若手マーケターがどんどん活躍すれば、きっと良い結果が待っているのだと思います。

森岡　マーケティングと言うと小難しく聞こえますが、要は社会に新しい価値をつくり出して「世の中を元気にする仕事」です。もしもマーケティングがなくなったら、本当につまらない社会になります。例えばプライドポテトのパッケージにしても、これが単なるシルバーの袋で、それを開け

物事は大きく考え、みんなの幸せをつくるべき
ブランド発掘や産地応援で日本に貢献していく

て食べるだけなら、どこか物足りないはずです。

佐藤　おっしゃる通り。究極的には、マーケティングは夢を売る、憧れをつくるということ。そのために、私は商品開発の絶対価値として最上位にあるのが「美」だと思っています。その下に「コンフォート」（快適性）、「スータブル」（適切な）、「グッド」（ものの良さ）、「モラル」（道徳的）という4つの価値がある。それらを満たしたうえで最後のゴールは、見た目でも内面でも結局美しさ、夢ですよ。私は、必ずそこに立ち戻るようにしています。

森岡　非常にシンプルでわかりやすい。プライドポテトも、老舗が作った理想のおいしさという本質的な価値、夢でマーケティングされています。この夢になら、20代の女性も高齢者もみんな共感できるわけですから、不必要にターゲットを狭めて市場を取り損なうこともありません。これから少子高齢化が進むほど、マーケットはできるだけ大きく取っていかないと勝てないので、本質価値への共感を軸にすることは正しいアプローチだと感じています。

佐藤　そこは理解しにくくなっているのか、ターゲティング論にとらわれて発想が小さくまとまる人が多いですよね。マーケターは大きく物事を考えてほしい。みんながわくわくしたり、できるだけ多くの人の幸せを考えた方が、自分も楽しいに決まってますから。

森岡　私は、マーケティングほど夢のある仕事は他にないと本気で思っています。ただ、華々しさの裏には、原価計算のところから血のにじむような努力を積み重ね、生産から消費者に商品が届くまでのすべてを見る必要もあります。そこを含めても、計り知れない充足感が得られる仕事なのだと、若い方々にもっと知ってもらいたい。

佐藤　私は「異種格闘技」とよく言いますが、マーケターは、隣にデザイナーがいたり、技術の専門家がいたり、チームの総合力を発揮して1つの価値を生み出していく仕事です。といっても、民主主義や合議制で物事を進めるのはダメ。1人のマーケター、確信犯的なリーダーが、すべてについて責任を持って決めることが鉄則です。

森岡　プロ同士が本気で同じ目的を共有して議論するのは、緊張感もあってすごく楽しいことです。そのなかでリーダーは、何の価値をつくり出すのかという明確なビジョン、思想のようなものが必要。それをチームで共有して、プロの力を引き出す、やる気になってもらう。人間は最後は感情で動きますから、「あなたが生み出す価値で世の中がどう変わるか」ということを、すごく魅力的に語るようにしています。

佐藤　私も同じです。目指すべきゴールの高さを包み隠さず語って、夢は大きく。あとは旗振り役で先導するのか、後ろから励まし役に回るのか、チームの構成員によって大きく2パターンありますす。メンバーは面白いことを思い付くのが得意な右脳派と、丹念に消費者の声を積み重ねて答えを導く左脳派を集めた〝ごった煮〟チームが理想。人間は似た者同士で集まりがちですが、タイプの違う人間の長所と長所が掛け算されることがポイントです。

森岡　オーケストラでも、ヴァイオリンだけ集めてもダメですから（笑）。結局、人間の強みは人それぞれですから、リーダーも万能ではありません。自分のできないことを認めたうえで、そこをどうメンバーに補ってもらうかを考えるのが仕事。人を育てるという意味でも、自分の周りに活躍できるスペースをつくった方が成長するはずです。

佐藤　自分が不得意なことをできる人は、ものすごく尊敬できますよね。だから、人間はもともとチームとしてうまくいくようにできているんです。

森岡　あと、やはりリーダーは前向きなエネルギーを発信するべきですよね。その点、佐藤さんと初めてお会いして、この僅かな時間でも一緒に仕事をしたらきっと楽しいだろうなと感じます。

佐藤　いやいや、私はこう見えても血液型はA型ですから、ディテールが気になる方で（笑）。たぶん森岡さんと共通しているのは、未来志向であること。特にリーダーとなれば、未来は楽観的に、現実は悲観的にという具合に、ここの振れ幅が大きいほどヒットを生み出せるのではと思います。

思いは日本ブランドを強く

森岡　佐藤さんはこれから先どういう方向性で湖池屋を率いて、わくわくするような楽しいブランディングをしていこうと思っていますか。

佐藤　健康志向や食事代替のニーズなど、顕在化されているテーマはいくつかあります。ですが、それこそ今のお客様に聞き直して、未来において必要とされる食は何かを考えて、新しい提案をしたいと思っているんです。少子高齢化や働く女性の増加など、社会の構造変化がさまざまな形で食

のあり方を変えているはずなので、あまりジャンルの垣根をつくらずにやりたい。

森岡　プライドポテトがヒットして、しかもこのネーミングですから社員の方々も自信を持ったのではないですか。

佐藤　それはあると思います。私にとっても、やはり信頼というのは成功しないと得られませんから。まずは企業の顔を1つ立てたという段階ですが、幸い湖池屋の社員は根っから面白いことが好きな人が多い。この後は、どんどん面白いことを仕掛けていきますよ。

森岡　湖池屋はもともと素晴らしいものをお持ちの会社で、そこに佐藤さんが持つマーケティング力が融合して、社員の方々の挑戦するための勇気や自信が増しているのでしょうね。私も、これからマーケティングによって企業を元気にする挑戦から始めて、最終的には日本のブランドマネジャーになることが目標です。日本の文化の普及や、国際社会での地位向上など、ジャパンブランドをどう強くしていくかということに真剣に取り組んでいきたい。

佐藤　私も思いは同じで、まずは湖池屋の商品を通じて日本ブランディングに貢献したいと考えています。例えば、17年10月に150万袋限定で発売する「コイケヤ プライドポテト 今金男しゃく幻の芋とオホーツクの塩」(※対談当時は発売前)。これは、国産全体の0・3%しかない北海道今金町の〝幻のジャガイモ〟を使った商品です。こうした優れた日本ブランドを発掘したり、産地を応援したり、行政も巻き込んでこの輪を広げていきたい。まだ日本にはマーケティングが足りない分野がたくさんありますから、森岡さんには頑張ってもらいたいですね。

(「日経トレンディ」2017年11月号掲載)

【対談】

佐藤可士和氏

Kashiwa Sato

SAMURAIクリエイティブディレクター

1965年、東京都生まれ。多摩美術大学グラフィックデザイン科を卒業後、博報堂を経て2000年に独立し、クリエイティブスタジオ「SAMURAI」設立。ユニクロや楽天グループのグローバルブランド戦略、セブン-イレブン・ジャパン、三井物産、本田技研工業の軽自動車「N」シリーズのブランディングプロジェクト、国立新美術館のシンボルマークデザインとサイン計画、「カップヌードルミュージアム」のトータルプロデュースを手がけるなど、日本を代表するクリエーター

【最強クリエーター・佐藤可士和氏の歩み】

89年～ **博報堂時代**

キリンビバレッジ「チビレモン」(2000年)

佐藤氏が、初めて商品開発から担当。ネーミング、パッケージ、味のディレクションまで行い、大ヒットした

ホンダ「ステップワゴン」(96年)

「こどもといっしょにどこいこう。」という名コピーで、従来の自動車広告とは違う世界観を展開した

2000年～ **SAMURAI設立**

ふじようちえん(06年)

東京・立川にある幼稚園をリニューアル。「園舎全体が巨大な遊具」というコンセプトで、屋上で追いかけっこができるユニークなドーナツ形施設に

UNIQLO(06年～)

柳井正会長兼社長から依頼を受け、初のグローバル旗艦店（ニューヨーク）をはじめ、ロゴのデザインなど広範囲に貢献

日清食品グループ(11年～)

「カップヌードルミュージアム」(横浜市)を皮切りに企業全体のブランディングを担う

今治タオル(07年～)

地方ブランド復活の成功モデル。独自の品質基準をクリアした証しのブランドマークや「白いタオル」がカギ

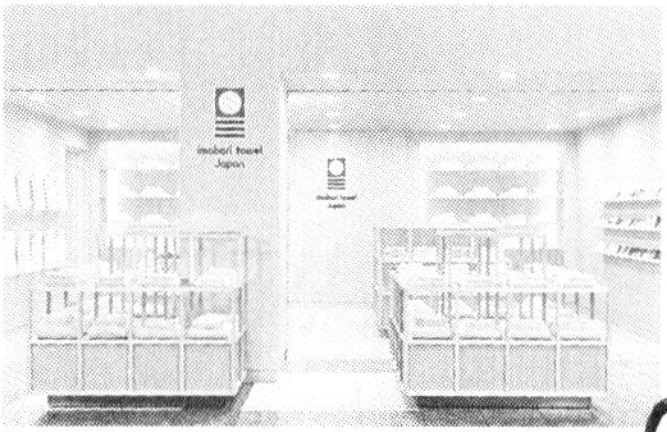

セブン-イレブン(11年～)

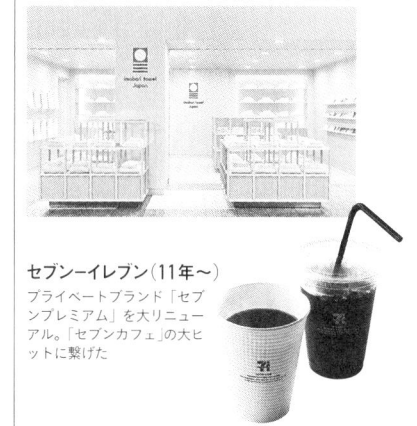

プライベートブランド「セブンプレミアム」を大リニューアル。「セブンカフェ」の大ヒットに繋げた

ARITA 400project(16年)

16年に400周年を迎えた「有田焼」を世界に発信する事業にゲストクリエーターとして参加。1000点を超える器に自ら絵付けした

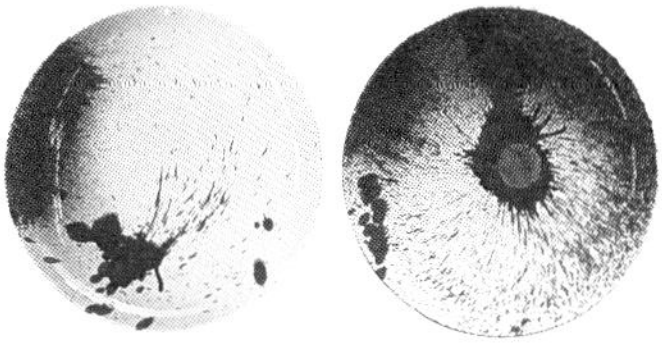

森岡　私の会社は「刀」ですから、将来、可士和さんの「サムライ」と仕事をご一緒するにも好都合だと思っています。今日は楽しみにしてきました。

佐藤　すごくかっこいい社名ですよね。社名の由来は何ですか。

森岡　世界と競争していくなかで、我々のマーケティングノウハウを日本企業の〝武器〟として役立てたいという思いを込めたものです。実は当初、日本を元気にしたいという我々のスピリットを端的に表す社名として、サムライという案も出ていました（笑）。

佐藤　そうでしたか。サムライの場合は可士和の「士」が武士の「士」なので、そこから取りました。サムライなら翻訳せずに世界でも通用します。広告やデザインなど、業種を限定する名前は避けようと、かなり悩みましたね。

森岡　社名で会社の領域や可能性自体を狭くしたくないというのは、刀も同じ発想でした。これまで可士和さんは、そうそうたる企業のブランディングを担っていますが、最初はどういうことを手がかりにしていますか。

佐藤　そのブランドや企業が今の社会において、どういうたたずまいのものであるべきなのか。今ある前提を疑いながら、社会との位置関係や距離を自分なりに把握します。また、その本質価値は何か。それは行き着くところ企業の一番の強みであるはずで、僕が新しくつくるものではありません。結局、悩んでいる企業の多くは、本来の強みを見失っていることや、変化する社会に対して本質価値がうまくフィットしなくなっていることが多いと思います。ですから、まずは本質価値を見定めて、それをクリエイティブの力で少し別の方向に引っ張ったり、ポジションを動かすことで、今の社会にハマるところを見つけてあげる。そうすると、ブランドが急に輝き出すわけです。

森岡　なるほど。私は可士和さんのようにクリエイティブまで想像できるタイプではありません。ですが、やろうとしていることは結構似ています。私はまず、「誰に（WHO）」「何を（WHAT）」「どうやって（HOW）」というフレームで物事を考えます。特にWHAT、やりたいことが明確になると、後はそこにたどり着く複数の選択肢から成功確率の高い道を選ぶということ。

佐藤　企業にとって全く特徴がないというのは一番まずい状態です。しかし、何十年も存続している会社でそういうケースはほとんどありませんよね。私が知っている御社はこうですが、そもそもどういう成り立ちなのか、どこに向かっているのかなど、経営者や社員の方々に延々と〝問診〟していくと、必ず「らしさ」に繋がるキーワードが見つかります。特に、ふじようちえん（東京都立川市）のように未経験のジャンルの時は、自分ごとにできるまで話を聞きます。もう一つは、意志を確認しますね。結局ブランディングは、「どうすべきか」ではなくて、「どうしたいか」が最も重

企業ブランディングは「どうしたいか」が最重要
自分の感性の解像度を高めて物事を俯瞰で見る

要で、そこを一緒に整理しましょうということです。

森岡　しかし、日本の会社は圧倒的なリーダーがいると物事はスムーズに進みますが、大企業の子会社など、どこで誰が意志決定しているのか見えない会社が結構あります。

佐藤　結果的にそういう深みにはまることもありますから、僕の場合、最初にどういう体制で誰が意志決定をし、どこまで投資できるかということはしっかり話を詰めます。例えば、一度ロゴや社名を変えてしまうと後戻りできませんから、「やり切る体制になっていますか」ということを確認します。

森岡　どれだけ試行錯誤したプランでも、実行されない限り価値はゼロですから重要なポイントです。刀の場合は、従来のコンサルティングという立ち位置ではなく、刀の人材を派遣して持続可能なマーケティングノウハウを企業に移植していく仕組みです。要は魚を取ってくるだけではなくて、クライアントが自分たちで魚を取れるよう釣り竿を差し上げ、釣り方も伝授しますというスタイル。これをやり切るには数年かかるので、そこまでクライアントに覚悟を決めてもらいます。

佐藤　僕もユニクロや今治タオルなどは、10年以上関わっていて、継続性は大事にしています。また、僕個人が企業に向き合うスタイルとしては、世の中の価値観としてどこに重きが置かれているかを常にウォッチし、自分の感性の解像度をどれだけ高くできているかを意識しています。そうすると、小高い丘の上から大きい川の流れを見ているイメージで、客観視できます。

森岡　当事者が自分たちの視界の外を見るのは、よほど意識しないと不可能ですから、当たり前のことが見えなくなっています。刀で何社も相談を受けて調べてきましたが、ほとんどの企業は3つくらいのシンプルな解決策で目的が達成できる感触があります。

佐藤　特にコミュニケーションに関しては、歴史のある企業ほど考える必要があります。高度経済成長期など、モノがなかった時代に、いいものを作れば絶対売れるという経験をして、その感覚が抜けていません。「言わない美徳」は日本人の特性ですが、「伝わっていないのは存在していないのと同じ」。例えば、セブン-イレブンですら、おにぎりや弁当を筆頭に抜群に質の高いプライベートブランドをそろえていながら、以前はパッケージもマークもバラバラでした。それを統一のデザインで整理して、パッケージを〝ブランド化〟したことで、品質感やイメージをうまく変えられたのだと思います。

森岡　可士和さんがブランディングを手がけた今治タオルもそうでした。以前はロゴがなくて一般のタオルと同じ見え方だったので、使うまでその価値に感謝するきっかけがありませんでした。どの企業も本当にものづくりを一生懸命やっています。しかし、売るためにどうすべきかを真剣に考える、そこが鍛えられる機会がなかったのが問題。それが今みたいにゼロサムゲームの市場が増えて、初めてそこに直面して悩んでいる企業が多く、マーケティングの力がすごく求められています。

佐藤　今治タオルの時は、最初あまりの使い心地の良さに感激しました。それで、頭を拭いている1分くらいの間で、「安心」「安全」「高品質」、それを伝えるために「白いタオルで勝負する」という戦略が描けましたね。業界の固定観念では、白いタオル＝安っぽいというイメージがあったようなのですが、「品質に自信があるからこその白です」とクライアントに伝えると、皆さん「なるほど」と。やはりコミュニケーションは、自然に共感できるものでないと成立しないのだと思います。

強みが生きる「文脈」を探す

佐藤　いろいろなプロジェクトに関わるなかで、業界や企業規模が全く違っていても、抱えている課題は不思議と全部繋がっている気がしています。結局、情報としてはすべて同じテーブルに載っていますから、基本的にやるべきことも似ているのかもしれません。

森岡　同感です。人がブランドを選ぶ、購買行動の本質はどんなジャンルでも根底で共通していま す。それは数学的にも同じ数式で証明できますから。

佐藤　その森岡さんの数学的アプローチは僕にはないものなので、すごく興味があります。森岡さんの頭の中をビジュアライズしてみたいな（笑）。

森岡　私は例えば、人間が取っているさまざまな行動や生理現象のデータを数学的に分析することで、人が意識していない相関関係を探しています。人が1日遊ぶ時のテーマパーク以外の選択肢は、映画館やスマホなど100以上もあります。そのなかで、テーマパークを選ぶのはなぜなのか。血圧や毛髪量などを全部調べたなかで、USJの場合はテストステロンという男性ホルモンの分泌量と来場者年齢別の分布に完全に相関関係がありました。この事実は誰も意識していないので、アンケート調査をしても出てきません。

佐藤　かなり面白い発見ですね。

森岡　ここから何がわかるかというと、ＵＳＪは男性ホルモンにドライブされて、興奮や発散を求めて購買行動を取っている割合が非常に高いということ。つまりＵＳＪにとっては、絶叫系を好む人の割合が多い10〜20代の若年層が大事なお客様といえます。こうした知識があると、１００億円かけてもう１つジェットコースターを造っても、まだ集客数を伸ばせるなど、成功確率の高い意志決定ができるのです。

佐藤　なるほど。森岡さんは、子供の頃から数学が大好きだったのですか。

森岡　後にも先にもそれしかないです。極端に言うと、私は数字を見ると、おかしな計算をされた部分だけが光って見えます。数学で説明できないことにすごく興味が湧きますし、それを数学的に説明することに情熱が生まれます。私は新卒でＰ＆Ｇに入って、最初は周りの先輩マーケターが感覚的にできていることを全く理解できず、非常に苦労しました。そこで私は、彼らの感覚を一つ一

企業も個人もパーフェクトである必要はない 〃ディープラーニング〃で好きなことを伸ばす

つ客観的に棚卸しして、自分が得意なロジックおよび数学で体系化していったのです。そうすることで、一番高い確率で目的にたどり着ける方法論を身に付けられました。

佐藤　すごいですね。僕の場合、少年時代から振り返ってみると、結構周りの空気が読める方で。例えば小学校のクラスの中で、あの子が今こういうポジションだから次に何をやってもらうと面白いとか、いろいろなパワーバランスを考えてクラスの雰囲気をつくるのが好きな子供でした。

森岡　「三つ子の魂百まで」といいますが、可士和さんが今社会でやられていることと構造的には同じですね（笑）。

佐藤　あと、絵を描くのがすごく好きで、幼稚園の年長くらいから自分の強みだと自覚していました。たぶん森岡さんの数学と一緒で、僕も白い紙が前にあると、何を描けばいいか見えるし、自分のイメージしたことを描けます。結局、それぞれの特性によって社会や今の物事の最初の把握の仕方が違うだけで、森岡さんとも最終的にやっていることは似ているのだと思います。

森岡　人間は誰しも個性があって、それが良いか悪いかは置かれた場所によって決まるのでは。例えば、私の特徴が強みになる仕事もあれば、逆に弱みになることもあります。これは会社の特徴にしても同じで、可士和さんはそれが強みに変わる文脈、肌感覚の場所を探し当てて、見事にクリエイティブジャンプさせているのだと思います。

佐藤　おっしゃる通り。ブランドが光る文脈をつくり、特徴を際立たせる方法論としてデザインやクリエイティブの力を生かしています。例えば、子供の頃、わざと新しいルールを作って遊ぶと、今まで弱かった子が急に強くなったりします。これを仕掛けるのが昔から楽しいし、企業のブランディングもその延長線上にあるのかなと。

森岡　そうですよね。世の中の価値の軸をいじる、あるいはルールを変えて、ブランド自体を相対的に動かすということ。結局、ブランディングというのは、ものが売れていく仕掛けをつくる。究極はそこしかありません。従来のコンサルティングは、市場分析などをして企業のあるべき姿は上手に棚卸しできます。ですが、そこから先、人がものを買う確率を高めて、どのようにブランドを再構築していくかというノウハウが蓄積されていません。刀にはそこの知識がありますし、当事者として責任を持つということが違いです。

自分の強みを見つける方法

佐藤　結局、個人も企業も向いていないことをやるのが一番まずいですよね。企業のブランディングの基本は良いところを伸ばすという発想ですが、多くの企業は「これしかできません」と自分の強みを弱みのように感じています。でも、世の中パーフェクトである必要は全くなくて、それで十分なんです。

森岡　そうです。強みを縦に伸ばしてあげることに尽きます。それは人の育成という観点でも同じ。今、自分に向いていることが何かを悩んでいる人は結構います。例えば数学が得意かもしれないと思っていても、さすがにフィールズ賞は取れないなどと極端に考えて、自分には強みがないと思い込んでしまう。そうして人生の一番熱い時間を自分に向いていないことに費やすのは、非常にもったいないと感じます。

佐藤　それは、細かい教育のディテールよりも、ざっくりと社会がもっと個性に対して寛容になる必要があります。以前、僕の子供をフランスのある美術館のワークショップに入れたんです。教え方を見ていると、あるフランス人の女の子は最初に先生が指示したこととと全然違うことをやっていた。一度先生が来て「それ、違うわよ」と指摘したのですが、その後もその子は違うことを黙々と続けていました。再度先生が来て、厳しく注意するのかなと思ったら、今度は「いいわね」って褒めたのです（笑）。これは衝撃的でした。

森岡　日本だったら確実に怒られて、型にはめようとする場面です。結局、日本は成績がオール5の子が褒められる社会で、私もそうでしたが一芸に突出していてもなかなか認められません。だから、自分の強みが世の中にとってどんな前向きな意味があるのか、なかなか気づけないのだと思います。

佐藤　それこそ今、日本はイノベーションを起こす人材をもっと増やさないといけません。それには、まずは平均値で見るような教育や、社会全体の考え方が変わらないとダメですよね。

森岡　そもそも、自分の強みにどうやって気づけばいいのかは結構大きな課題です。私の経験から言うと、好きなことの中に必ず自分の強みが埋まっています。「考える」「絵を描く」など、何でも

好きなことを動詞で書き出し、その動詞を生かせる機会が多い仕事を選んだ方がいいと思います。

佐藤　同感です。大学で講義をしていると、必ず学生たちから「今何をやるべきですか」という質問をもらいます。そこでアドバイスするのは、大学4年間で何でもいいから「これはハマった」ということを1個つくろうと。〝ディープラーニング〟できるということは、自分が好きなことのはずですから。

森岡　そうして異能な人が増えてくれれば、日本は変わります。企業の中で個人ができることは限られていますが、1人でも変化のきっかけにはなれます。USJのように、たった1社の成長が業界を明るい方向に変えることもできる。これが広がれば日本が元気になりますし、そこにサムライや刀が果たすべき役割があると強く感じます。

（「日経トレンディ」2018年1月号掲載）

終章

マーケティングの力で日本を元気に！

人に会う度に聞かれる質問がありますので、最後にカバーさせて下さい。一つは私がUSJを卒業した理由について、もう一つは「株式会社 刀(かたな)」を起業した目的についてです。

旅立ちの理由

私はプロ・マーケターとして3年契約でUSJに入社しました。結果的にUSJに6年強も在籍することになったのは、当初の想定よりは長すぎたぐらいです。「3年で大きな成果を出す!」。私は着任早々、ターボエンジンを全開にしてマーケティング革命を推し進めました。3年が経とうとした時、入社時の2010年度には730万人だった年間集客が2013年には1050万人と1.5倍になり、まさにV字回復の爆進中で経営回復は完全に成し遂げていました。そこで綺麗に契約満了かつ使命完了で旅立つこともできたのです。

しかし、自ら仕込んだ社運を賭けたハリー・ポッターのオープンもあと少しというタイミングだったので、その成功を確定させることはUSJのために極めて重要でした。プロの矜持としてあのタイミングで離れるのは区切りが悪く、私はUSJからの熱烈な契約更新オファーを受け入れました。

そして2014年夏にオープンしたハリー・ポッターも大成功し、間髪入れずにその冬に投入した「クールジャパン」イベントも大成功させて、USJのV字回復が確定したと思われた5年目の秋、大きな出来事がありました。ゴールドマン・サックスを中心とするUSJの旧株主が、USJ株の51％を米国メディア大手コムキャストに売却したのです。

それで私をP&Gから引き抜いた張本人である社長グレン・ガンペルが引退することになりました。2015年11月に彼は去ることになり、最初はそのタイミングで私も一緒に去ろうと思いました。ハリー・ポッターの賭けにも大勝利し、集客は倍近い1300万人レベルまで伸ばし続けていましたので、今度こそ文句なく「使命完了」です。

しかしながら、私はその時点でも卒業を見送りました。理由は2つ。まず、グレンがいなくなるのに、私も同時にいなくなったら、新しい株主との新たな間合いの中でUSJの組織が少なからず動揺し、業績の維持に悪影響を及ぼすと思ったからです。もう一つの理由は、私の三段ロケット構想の三段目（パーク経営ノウハウの他拠点への水平展開）の第一歩であった「沖縄の新パーク構想」の実現にベストを尽くしたかったからです。

実はそれまでUSJが沖縄で進めていた新パーク構想でしたが、確定直前のタイミングで、過半数の株主がコムキャストに変わったことで白紙化されました。グレンが去ってしまうので、新株主にこの沖縄プロジェクトの意味と価値をちゃんと理解してもらうには、私まですぐにいなくなる訳にはいかないと思ったのです。

もちろん、コムキャストの世界戦略を考えると、ユニバーサルの看板を掲げるでもないパークを沖縄に新しく造ることを理解してもらうのは簡単ではないと、私は最初からわかっていました。大阪、シンガポール、北京（建設中）の3カ所に既にユニバーサル・パークは展開しています。この3拠点の地理的な中間である沖縄に小型のパークを造ると、彼らの目には他の施設の集客を減らすように思える。また、沖縄の別ブランド・別規模のパーク開発や運営にかかるリソースが、ユニバーサル全体の視点からは効率的に思えないこと。この2つの理由は、コムキャストの世界視点では成立する論理です。

USJにとってはベストな戦略も、ユニバーサル全体で見れば必ずしもベストとは言えない。こういうことはビジネスではよくあります。最終的にNOという結論を出したコムキャストに対して、個人的には非常に残念ですが、私のプロとしての理性はそれを冷静に理解します。したがって、私がUSJを辞めた理由は、ネットで噂されたような沖縄が頓挫したことで感情的になったからなどでは決してありません（笑）。物事は視点を変えれば目的は変わる、目的が変われば戦略は変わる。そして何よりも自分を雇っている組織のために働くのがプロですから、そこに感情が入り込む余地はありません。

もちろんあの時に仮に沖縄が続行することになっていたら、私がさらに契約を延長した可能性はあったでしょう（というか、自分の責任感としてもそうしたと思います）。自分の立てた最後の一計の成否を見極めたい想いと、**日本のために一刻も早く沖縄をアジア最大の観光拠点として要塞化すべき**と、昔も今も私は信じているからです。個人的にも、その挑戦には〝成長マゾ〟にはたまらない新しい学びがキラキラしていますし。

しかしながら、私は沖縄のことで辞めたのでは決してありません。沖縄は私の契約を延長する理由になったかもしれませんが、ＵＳＪを辞める理由にはなり得ないのです。この2つの間にある大きな違いは、業界を問わずプロとしてある程度の研鑽を積んだ方ならばご理解いただけると思います。

あの弱々しかったＵＳＪも雄々しく蘇り、ＵＳＪの組織もノウハウと自信を兼ね備えたマーケティング・ドリブンに生まれ変わりました。墜落寸前だったＵＳＪをＶ字に曲げる最も難易度が高く強烈にエネルギーの要る段階はもはやとっくに越えて、ＵＳＪは既に安定飛行に入っています。将来についてもNINTENDOエリアまで仕込みましたし、ビジネスも組織も私でなくても十分に操縦できるようにしたつもりです。この後も、せっかく作り上げた「マーケティング・システム」を新経営陣が壊さない限りは、ＵＳＪは関西で輝き続けるでしょう。

ＵＳＪ再生の使命は完了しました。であれば、プロ・マーケターとして生きる私にとって、患者を元気にしたら次の患者を助けに行くことは職業使命です。

そして、理由はもう一つあります。私には挑戦が必要です。

究極のジャングルだったUSJが安全な動物園に変わったことは、ほとんどの同僚にとっては素晴らしいことでした。しかし、喰われそうになる瞬間のヒリヒリ感や、自分で喰いたいものを見つけて喰う自由こそが、生きている実感になる野生動物も中にはいます。安定して、たくさんお金が使えるようになって、楽しくなってしまった、そんな素晴らしいUSJに居続けることは、私にとっては刺激が足りません。私は脳細胞が暇になると死んでしまいます。動物園で生きるくらいならジャングルで死にたい！

次の挑戦を求めて旅立つ時がついにやってきました。

「刀（かたな）」について

私は同志を募り、「株式会社 刀」を設立しました。マーケティングの力で日本を元気にする挑戦に踏み出しました。

USJを辞する日が近づいた2016年の晩秋あたりから、新しい挑戦についてじっくり考え始めました。私がやってみたいことは、マーケティングを普及させることで日本を活性化することです。そのためにどのようなプラットフォームで自分を活かすのが良いのか考えました。

もし私が、ＵＳＪの次に別の会社を再生しに行くとしたら、その会社を良くできる可能性はあります。しかし、そのように一つ一つやっていくよりも、複数の会社を並行して立て直せる仕組みがあれば、もっと日本を活性化する目的に近づける…。そこで、突出したプロフェッショナルを仲間として集め、私自身のスキルだけでなく、メンバーそれぞれの強みであるノウハウを体系化して蓄積し、必要に応じて相手に移植する、そのような組織を創設することはできないだろうか？　そして目指すのは〝持続可能な能力〟を構築すること。そう考えたのです。

２０１６年の末にＵＳＪを辞してから、桜が散るまで構想に耽り、一騎当千の精鋭を募り、「刀」が実質的に船出したのは２０１７年の夏頃になりました。

「刀」は、〝コンサル〟の集団ではなく、〝マーケター〟の集団です。当事者として胃の裏側から冷や汗を流しながら実戦経験を積み重ねたエリート・マーケターが20名以上集結しています（２０１８年現在）。我々は分析で経営企画や戦略の絵を描くだけでなく、絵をどうやって実現するのかという戦術能力にも長けます。なぜなら我々は、コンサルではなく、一人一人がマーケターだからです。マーケティング力で結果を出す、それが刀です。

そして刀の最大の特徴は、相手先企業様に〝持続可能なマーケティング力〟を構築できることです。私がいなくなってもＵＳＪが好調を維持できているように、刀がいなくなってもクライアント企業が自力でマーケティングができるように、ノウハウを移植し、組織力も強化します。通常のコンサルのように「魚」を獲ってくるだけでなく、クライアントに「釣り竿と釣り方」を習得していただくのです。その〝マーケティング移植〟のためのノウハウを蓄積することを最重要視しています。

現在は3タイプの契約メニューを備えています。刀の専門性を活かしたソリューションを提案する「タイプA」。刀の持つさまざまなノウハウを相手先企業様に移植しながら企業成長に寄与する「タイプB」。そして私自身をはじめとするメンバーに経営を一定期間任せていただく「タイプC」。本質的なソリューションとなる〝タイプB〟の契約が基本メニューとなります。

本書でご理解いただいたように、マーケティングができるようになるためには、一連の機能の鎖である「マーケティング・システム」としてインストールすることが秘訣なのです。そして「マーケティング・システム」はマーケティングだけの問題ではなく、他の部署や役割といった全社レベルの組織構造と上手く連動させないと機能できません。たとえ優秀なマーケターがいて策を立てても、意志決定できない、あるいは実行できないので結果が出せないのです。

会社を次のステージへ良い意味で脱皮させる組織改革は、習慣としがらみの張本人である内側の人間だけでは、しがらみに絡め取られるので成功するのは難しいものです。適切な外部の力を借りることは、その会社の組織の本質を客観的に診るのに役立ちます。我々「刀」は、マーケティングのノウハウだけでなく、その組織改革をやる戦略人事のノウハウも兼ね備えるところに特徴があります。

マーケティングができる会社になるためには、それに見合った組織に変革しなければなりません。なので〝タイプB契約〟では、一定期間をいただいて企業に深く入り込み、現場で一緒に汗をかきながら、組織も視野に入れて強い企業体質を作るために全力を尽くします。これは非常に手間も暇も（人件費も）かかる仕事のやり方です。しかも、全ての品質を私個人がしっかりと見て担保しますので、1社当たりの濃さを守るためには10社も20社もの企業様を同時にお相手することが難しいのです。

正直言って、もし「刀」自体の企業価値を大きくすることが目的ならば、通常のコンサルのように多くの企業から多くの〝魚を獲るタイプAのオーダー〟を集中して増やした方が経営としては正しいでしょう。しかし、そのやり方ではクライアントが魚を自分で獲れるようにはならない。しかも従来のコンサルのやり方を真似するだけであれば、マッキンゼー・アンド・カンパニーやボストン・コンサルティング・グループのような会社が既にあるわけで、どうせやるならば今まで無かったものに挑戦したいのです。

むしろ、一般的なコンサルや広告代理店という業態構造の本音を言えば、クライアントが自分で魚を獲れるようになることは近未来に契約が途切れることを意味するので非常にマズイのです。したがって「ノウハウも提供します」と口では言っても、実態としては肝心なノウハウを開示しようとはしません。お付き合いしている間に自分達とは離れられない必然を作りたいのが本音です。

しかし、それら大きな会社に比べて「刀」は、最初から需要に対して供給が極めて限定されますので、早くその会社を〝持続可能なマーケティングカンパニー〟に変えて、別の困っている会社に取り掛かることがモティベーションになる構造を内側に備えます。私がUSJに全くしがみつかずにあっさり自ら旅立ったように、次の困っている会社を早く助けたい。そのために、我々はノウハウをクライアント企業にできるだけ早く定着させたいのです。

ノウハウを渡しまくって、いつの日か需要が無くなったらどうするのか？　本当に「刀の持つマーケティングのノウハウ」に需要が無くなるのであれば、我々のノウハウは世に広まり目的は達成されたわけです。それこそ本願成就。我々はその時点で新たなる挑戦をワクワクしながら見つけるでしょう。

ということで「刀」は、従来型のコンサルができないレベルのマーケティング能力、しかも〝手間暇かかって利益率の低い領域〟をあえてやろうと考えました。ニッチですが、この領域こそが日本を変えると私は信じています。

私はそういう志で「刀」を立ち上げました。覚悟ある経営者様やオーナー様の〝懐刀〟として我々の力を役立てていただきたいと願っております。

本書を書き終えて

『確率思考の戦略論』を全力で書ききった1年半前の燃え尽き感を脳がまだ覚えています…。そう、本書は1年半ぶりの執筆となりました。今、本書の原稿と向き合いながら、私が胃の下あたりにヒタヒタと冷たく感じているのは、久しぶりにあの「産みの苦しみ」と向き合っている感覚です…。

革新的なアイデアを生み出すノウハウをまとめた処女作『USJのジェットコースターはなぜ後ろ向きに走ったのか?』は、おかげさまでロングセラーになっています。2冊目の『USJを劇的に変えた、たった1つの考え方 成功を引き寄せるマーケティング入門』も、マーケティング入門書として非常にわかりやすいと大好評で、初作を上回るロングセラーとなっています。今後も「マーケティングって何？」と思った人に手に取っていただければありがたいです。

そして3冊目。私が最も書きたかった〝数学マーケティング〟の真髄を詰め込んだ『確率思考の戦略論』も、予想外の大ヒットとなりました。正直、この本は売れると思っていなかったです。小難しく聞こえる「数学で証明された市場で勝つための法則」を、数式そのものに頼らずに、文系の方にわかる言葉で「法則とその意味」をわかりやすく解説することに挑戦しました。3000円を超える価格に加えて、あえて怖いタイトルと顔面にしておいたのは、間違って人が買わないようにするためでした。この本に関しては、私も共著者の今西さんも需要予測を大きく外しました！

ビジネス書では珍しいようですが、私はライターの方に書いていただくことを一切しません。編集や校正でクオリティーを高めるヘルプはお借りしますが、内容そのものは全てを一言一句、自分のガチンコで書いています。その手作り故に、現役で本業が忙しい時間の制約上、本をたくさん世に出すことができません。それでも自分で執筆する理由は、『確率思考の戦略論』が良い例ですが、私のロジックや数式をライターの方に深く理解していただくのが難しいからです。ライターの方に理解してもらうには、まずは自分の頭の中にある深いものを体系化して言語化して伝えなくてはならない。でもそれができているならば、既にもう原稿はできているという話…。したがって、私の場合は自分で書くしかなく、一冊を仕上げるには大変な時間と労力がかかります。

もともと文系能力に強みがない私にとって、執筆は地獄です。しかしながら、私に限らず誰しもが、蓄えた知見をできるだけ世の中に発信することは非常に大切だと痛感しています。毎年、多くの〝知の巨人〟ともいうべき方々が亡くなっていきます。蓄えられたはずの知見が、その人と共に本当に無くなってしまうのです。いつ死神に捕まるかわからない確率の世界ですから、ノウハウを遺す作業を強い意志で実行しておかねばなりません。そうやって知見のリレーで世代を超えてノウハウが蓄積され、文明は育ち、私も育てていただきました。この知見のリレーは大切です。

そのような観点から産みの苦しみに再び向き合う覚悟を固め、今までの著作でも所々で重要性を訴えてきた「人と組織」に焦点を当てて、一冊しっかり書いておこうと決心しました。まだまだ何十冊も書きたいことにあふれている自分の引き出しの中から、今回「人と組織」をテーマに選んだのは、組織改革こそがマーケティング普及の切迫した重心だと確信しているからです。そして2017年から2018年が明けようする年末年始、4冊目となる本書の執筆に埋もれました。

企業組織は、市場競争を生き抜く必要に応じて常に変革し続けなければなりませんし、組織の容態は目的に応じて千差万別の違いがあって良いものです。本書は、それら一つ一つの具体事例を追いかけるのではなく、どの組織にも共通する本質に焦点を当てようと悪戦苦闘しました。その本質さえ掴めば、個別の組織事情に応じて押さえるべき〝重心〟が見えてくるからです。

いかがだったでしょうか？　本書の言わんとする組織の本質、それを構成する人間の本質、それらを理解することでさまざまな局面において我々が目的に応じて組織にどう向き合うべきか、私見を拙劣ながら述べさせていただきました。読者の皆様の気付きや何らかの一助になることを何よりも願っています。

私が本書に込めた願いは、組織という〝集合〟を考察しながら、組織を構成する我々一人一人の「個の力」を呼び起こすことにあります。程度の差はあれ、誰しもが組織や日常に呑み込まれて、知らず知らずのうちに自己保存の重力に囚われてしまいます。もちろん、どのような価値観でどう生きようが、我々は自由です。しかし、誰しもが大きな後悔のない人生を歩きたいと願っているはずです。その割に我々は、個があまりに埋没していないか？　いつのまにか己を失っていないか？

右に行くか、左に行くか？　どちらの道が正解か？　成功確率がどちらも同じに見えるとき、脳は自己保存の本能に基づいて、すでにバイアスをかけて我々の判断を狂わせています。すなわち、楽な道に下駄を履かせてより良く見せているのです。つまり成功確率がどう考えても同等と思えば、楽な道は間違い、厳しい道が正解ということ。そのように私は「迷った時には常に厳しい方を選択」してきました。

険しい道には辛いことがたくさんありますが、楽な道とは比較できない豊かな経験を得ることができます。そこから学び、人はまた強くなる。そして一緒に歩いてくれる仲間もできる。皆で、勝ったり負けたりしながら、多くを成し遂げていく。そうやって歩いて来た道に、自分達の仕事の足跡がいくつも刻まれていく。そして眼前には想像していなかった新しい景色が更新されていきます。

一度しかない人生です。何をしていても、何もしなくても、我々はどうせ死にます。その到達点は変わらない。それならば終焉までの道のりを、せめて思い切り自由に歩いてみたいと思いませんか？　読者の皆様が、ご自身の心の奥底にある素直な願いに真っすぐに「目的」を立てて、そこを目指して自由に歩かれることを願っています。人間は本来、自由です!!

本書出版を企画し、ご支援下さった奥井真紀子さん、勝俣哲生さん、取材に応じていただいた多くのビジネス関係者の皆様、そして日経トレンディのマーケティング連載にご登壇下さった各界を代表される皆様、本当にありがとうございました！

そして本書を読んで下さった全ての読者の皆様、ありがとうございました！

私は今後も皆様との出会いを大切にしながら、愛する日本のために微力を尽くします。

マーケティングの力で、日本を元気に！

株式会社刀　代表取締役ＣＥＯ　森岡　毅

著者略歴

森岡 毅
Tsuyoshi Morioka

株式会社 刀 代表取締役CEO

1972年生まれ。神戸大学経営学部卒業後、96年P&G入社。
ブランドマネージャーとして日本ヴィダルサスーンの黄金期を築いた後、
2004年にP&G世界本社（米国シンシナティー）へ転籍、北米パンテーンの
ブランドマネージャー、ヘアケアカテゴリー アソシエイトマーケティングディレクター、
ウエラジャパン副代表を経て、2010年にUSJ入社。
12年、同社CMO（チーフ・マーケティング・オフィサー）、執行役員、マーケティング本部長。
USJ再建の使命完了後、17年、マーケティング精鋭集団「株式会社 刀」を設立し、
マーケティングを普及させることで日本を元気にする活動に邁進する。
主な著作に『USJのジェットコースターはなぜ後ろ向きに走ったのか?』
『USJを劇的に変えた、たった1つの考え方 成功を引き寄せるマーケティング入門』
『確率思考の戦略論 USJでも実証された数学マーケティングの力』がある

マーケティングとは「組織革命」である。
個人も会社も劇的に成長する森岡メソッド

2018年5月28日 第1版第1刷発行
2018年5月30日 第1版第2刷発行

著者　森岡 毅
発行者　渡辺 敦美
編集　奥井 真紀子（編集プロデューサー）
勝俣 哲生（日経クロストレンド）
発行　日経BP社
発売　日経BPマーケティング
〒105-8308
東京都港区虎ノ門4－3－12
装丁・レイアウト　中川 英祐（tripleline）
印刷・製本　中央精版印刷株式会社

本書籍に関するお問い合わせ、ご連絡は下記にて承ります。
http://nkbp.jp/booksQA

ISBN 978-4-8222-5795-8